Meine Katze die Prinzessin
Geschichten von Katzen und Katern

Meine Katze die Prinzessin

Geschichten von Katzen und Katern

Herausgegeben von Sabine Prilop

Artemis & Winkler

Mit sieben Illustrationen von B. Kliban
und vier Vignetten von Silvio Neuendorf

Die Deutsche Bibliothek – CIP-Einheitsaufnahme
Ein Titeldatensatz für diese Publikation ist bei
Der Deutschen Bibliothek erhältlich.

© 2001 Patmos Verlag GmbH & Co. KG
Artemis & Winkler Verlag, Düsseldorf und Zürich
Alle Rechte, einschließlich derjenigen des auszugsweisen Abdrucks sowie
der fotomechanischen und elektronischen Wiedergabe, vorbehalten.
Umschlagbild: »Gabrielle Arnault, enfant«, Gemälde von Louis-Leopold Boilly,
© AKG Berlin / Erich Lessing
Druck und Verarbeitung: Grafo S.A., E-Basauri
ISBN 3-538-07122-5
www.patmos.de

Inhalt

Joachim Ringelnatz

Schöne Frauen –
schöne Katzen

Schöne Fraun und Katzen pflegen
Häufig Freundschaft, wenn sie gleich sind,
Weil sie weich sind
Und mit Grazie sich bewegen.

Robert Walser

Das Kätzchen

Ich kam nur eben vom Berg herab in eine kleine, nette, altertümliche
Vorstadt hinein. Ein Haus stand da, das war so zart, als blinzle es mit
seinen Augen, will sagen, mit seinen Fenstern. Eine alte Frau stand an
der Straße und streckte ihren Kopf in eines der Fenster, sie führte wohl
ein gehäkeltes Gespräch mit einer Nachbarin. Aber die Hauptsache ist:
ich sah vor dem Haus eine Katze, nein, keine Katze, sondern ein junges
Kätzchen, gelb und schneeweiß von Farbe. Durchs Fenster, welches geschlossen war, sah ich eine gute alte Frau an der Nähmaschine sitzen
und fleißig nähen. Ganz entzückt von dem lieben kleinen Kätzchen blieb
ich stehen, um das Tier sorgfältig zu betrachten, welches da ganz still
saß, den Schwanz zwischen die Vorderpfoten geringelt. Die Frau sah,
daß da ein fremder Mann so still stand, sie trat ans andere Fenster, das
offen war, und schaute zu mir heraus mit freundlichen Augen. »Ach so«,
sagte sie, »Sie schauen sich wohl die Katze an.« »Ja«, sagte ich. Das
Kätzchen schaute zu der Frau hinauf und ließ ein kleines, feines, süßes
Miauen vernehmen, wobei es die Zähnchen zeigte. Ich grüßte die Frau
und ging weiter. Noch aber bog ich mich einmal zurück und sah, wie das

Kätzchen nach einem dürren Blatt haschte. Wie der Wind wirbelte das liebe muntere Tier herum. Wirklich wehte auch gerade der Seewind. Ich kam durch die Stadt, die nur eine einzige, dafür aber breite Straße besitzt. Nun, und da kugelten zwei Jungen am Boden, zwei drollige Jungen, noch nicht einmal für die Schule reif. Was vermag ich noch beizufügen? Nicht sonderlich viel. Ein großes altersgraues Schloß war da, und daneben floß ein Strom. Ich ging heim, und während ich so heimwärts ging, hatte ich immer noch in Gedanken mit dem gelben und weißen Kätzchen zu tun. Wie man doch nur achten mag auf so kleinliche Dinge.

Doris Lessing

Katzen

Das Kätzchen war sechs Wochen alt. Es war entzückend, ein zierliches Märchenkätzchen, dessen siamesische Abstammung sich in der Gesichtsform, den Ohren, dem Schwanz und in den feinen Körperlinien zeigte. Der Rücken war gestromt: Von oben oder von hinten war es ein hübsches Tigerkätzchen in Grau und Creme. Aber Brust und Bauch waren rauchiggolden, im Ton der Siamesen, mit schwarzen Halbbändern am Hals. Das Gesicht war mit Schwarz gezeichnet – feine dunkle Ringe um die Augen, feine dunkle Streifen auf den Backen, ein cremefarbenes Näschen mit schwarzgeränderter rosa Spitze. Von vorn, die schlanken Pfoten gerade aufgesetzt, war sie ein exotisch schönes Tier; es hockte, ein winziges Ding, mitten auf einem gelben Teppich, umgeben von fünf Bewunderern, ohne sich im geringsten vor uns zu fürchten. Dann strich es in der Wohnung umher, inspizierte jeden Zoll, kletterte auf mein Bett, kroch unter ein Laken und war daheim …

Katzenfutter aus der Dose wollte sie nicht fressen. Sie weigerte sich. Und ich wollte sie nicht mit Hummersuppe und Hühnerfleisch füttern. Wir einigten uns auf gehacktes Rindfleisch.

Sie war in bezug auf Futter immer so heikel wie ein unverheirateter Gourmet. Das wird schlimmer, je älter sie wird. Schon als junge Katze konnte sie Verdruß oder Freude oder ihre Absicht zu schmollen, ausdrücken, je nachdem, was sie fraß, zur Hälfte fraß oder ablehnte. Ihre Freßgewohnheiten sprechen eine deutliche Sprache.

Aber ich glaube, es ist einfach auch möglich, daß man sie zu früh von der Mutter weggenommen hat. Wenn ich den Katzenfachleuten mit allem Respekt sagen darf, möglicherweise irren sie sich, wenn sie behaupten, ein Junges dürfe die Mutter auf den Tag genau nach sechs Wochen verlassen. Dieses Kätzchen war sechs Wochen alt, keinen Tag älter, als es von seiner Mutter fortgenommen wurde. Im Grund war sein wählerisches Gebaren dem Futter gegenüber die neurotische Feindseligkeit, das Mißtrauen eines Kindes, das Schwierigkeiten beim Essen macht. Sie mußte fressen, das wußte sie; also fraß sie. Aber sie hat nie mit Freude gefressen, nie aus Lust am Fressen. Und ein weiteres Merkmal teilte sie mit Menschen, die nicht genügend mütterliche Wärme erfahren haben. Noch jetzt kriecht sie instinktiv unter eine Zeitung oder in eine Schachtel oder einen Korb – alles, was Schutz bietet, alles, was zudeckt. Außerdem ist sie leicht beleidigt, schmollt gern. Und sie ist sehr feige.

Kätzchen, die sieben oder acht Wochen bei der Mutter bleiben, fressen problemlos, sie haben Vertrauen. Aber sie sind natürlich nicht so interessant …

Sie war so eitel und sich ihrer selbst bewußt wie ein hübsches Mädchen, das außer seiner Schönheit keine Vorzüge hat: die Haltung von Körper und Kopf stets kontrolliert – eine Haltung, die wie eine Maske ist: nein,

nein, *das* bin ich, die frechen Brüste, die gelangweilten, feindseligen Augen immer auf der Lauer nach Bewunderung.

Eine Katze in dem Alter, wo sie, wäre sie ein Mensch, Kleider und Frisur wie Waffen trüge, doch mit einer Zuversicht, daß sie jederzeit, wenn sie wollte, in die verzärtelte Kindheit zurückfallen könnte, sollte ihr die Rolle zu lästig werden – eine Katze, die in stolzer Pose und wie eine Prinzessin im Haus umherstolziert und dann müde, ein wenig verlegen sich unter einer Zeitung oder hinter einem Kissen verbarg und von diesem sicheren Schlupfwinkel aus die Welt betrachtete.

Ihr niedlichster Trick, den sie meistens einsetzte, um Gesellschaft zu bekommen, bestand darin, unter einem Sofa auf dem Rücken liegend sich mit scharfem Rucken der Pfoten hervorzuziehen, dann innezuhalten und das elegante Köpfchen zur Seite zu legen, die gelben Augen halb geschlossen, und auf Beifall zu warten. »O schönes Kätzchen! Süßes Tierchen! Hübsche Katze!« Darauf gab sie eine neue Vorstellung …

Sie war so hübsch damals, so vollkommen: sogar schöner als jene Katze, die, wie ich vor vielen Jahren geschworen hatte, niemals ihresgleichen haben würde. Natürlich hat sie auch ihresgleichen nie gehabt; denn jene Katze war ganz Zurückhaltung, Wärme und Anmut gewesen – deshalb hatte sie, wie es die Märchen und alten Frauen erzählen, jung sterben müssen.

Unsere Katze, die Prinzessin, war und ist immer noch wunderschön, aber man kann es nicht leugnen, sie ist ein selbstsüchtiges Biest.

Die Kater reihten sich auf den Gartenmauern auf. Zuerst der düstere alte Winterkater, der König der Gärten. Dann ein hübscher Schwarz-

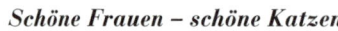

weißer von nebenan, allem Anschein nach sein Sohn. Ein kampfvernarbter Tigerkater. Ein grauweißer Kater, der von seiner Niederlage so überzeugt war, daß er nie von der Mauer herunterkam. Und ein schneidiger junger Tiger, den sie offensichtlich bewunderte. Zwecklos, der alte König war noch unbesiegt. Als sie hinausstolzierte, den Schwanz hochgereckt, so tat, als beachtete sie keinen von ihnen, aber dabei den schönen jungen Tiger beobachtete, sprang er zu ihr hinunter, doch der Winterkater brauchte sich nur ein wenig auf der Mauer zu bewegen, und der junge Kater sprang zurück in die Sicherheit. Das ging so wochenlang.

Inzwischen kamen H. und S., um ihren ehemaligen Liebling zu besuchen. S. fand es ungerecht, daß die Prinzessin nicht ihre eigene Wahl treffen sollte; und H. sagte, das sei durchaus in Ordnung; eine Prinzessin müsse einen König bekommen, mochte er auch alt und häßlich sein. Er hat solche Würde, sagte H.; er ist so imponierend; und er hat sich durch sein nobles Ausharren im langen Winter die hübsche junge Katze verdient.

Inzwischen hatten wir dem häßlichen Kater den Namen Mephistopheles gegeben. (Bei sich zu Hause wurde er Billy genannt, wie wir erfuhren.) Unsere Katze hatte verschiedene Namen, aber keiner paßte. Melissa und Franny; Marilyn und Sappho; Circe und Ayesha und Suzette. Aber beim Sprechen, beim Kosen miaute und schnurrte sie bei langsilbigen Adjektiven – schöööne, süüüße Mieze.

An einem sehr heißen Wochenende, dem einzigen in einem sonst kühlen Sommer, wenn ich mich richtig erinnere, wurde sie rollig. H. und S. kamen am Sonntag zum Essen, und wir saßen hinten auf der Veranda und

14

beobachteten die Entscheidungen der Natur. Unsere Entscheidung war es nicht und ebensowenig die unserer Katze.

Zwei Nächte lang hatten die Kämpfe im Garten angedauert, schreckliche Kämpfe, klagende und heulende und schreiende Kater. Währenddessen hatte die graue Prinzessin am Fußende meines Bettes gesessen und mit gespitzten Ohren ins Dunkel gelauscht, die Schwanzspitze leise hin und her bewegend.

An jenem Sonntag war nur Mephistopheles zu sehen, die graue Katze wälzte sich ekstatisch quer durch den Garten. Sie kam zu uns, rollte sich zu unseren Füßen und biß zu. Sie raste den Baum am Ende des Gartens hinauf und hinunter. Sie wälzte sich und schrie und schrie und rief und forderte auf.

»Die abscheulichste Zurschaustellung der Lust, die ich jemals gesehen habe«, sagte S. und beobachtete H., der in unsere Katze verliebt war.

»Arme Katze«, sagte H. »Wenn ich Mephistopheles wäre, würde ich dich nicht so schlecht behandeln.«

»Du bist widerlich, H.«, sagte S. »Wenn ich das erzählte, kein Mensch würde mir glauben, aber ich habe immer gesagt, daß du unmöglich bist.«

»So. Das hast du also schon immer gesagt«, sagte H. darauf und streichelte die ekstatische Katze.

Es war ein sehr heißer Tag, wir hatten zum Essen viel Wein getrunken, und das Liebesspiel setzte sich den ganzen Nachmittag fort.

Endlich sprang Mephistopheles von der Mauer hinunter, wo die graue Katze sich zappelnd wälzte – aber er war ungeschickt.

»O mein Gott«, sagte H., der wirklich litt. »Das ist unverzeihlich.«

15

S. beobachtete gespannt die Qualen unserer Katze und äußerte drama-
tisch und deutlich ihre Zweifel, ob sich Sex überhaupt lohne. »Schaut
euch das an«, sagte sie. »Das sind wir. Genauso sind wir.«

»So sind wir ganz und gar nicht«, sagte H. »Mephistopheles ist so. Man
sollte ihn erschießen.«

Sofort erschießen, sagten wir einmütig; oder wenigstens einsperren, damit der junge Tiger von nebenan seine Chance hätte.

Aber der schöne junge Kater war nirgends zu sehen.

Wir tranken weiter Wein; die Sonne schien weiter; unsere Prinzessin
tanzte, wälzte sich, schoß den Baum hinauf und hinunter, und als endlich alles gut ging, packte sie der alte König wieder und wieder.

»Er ist nur zu alt für sie«, sagte H.

»O mein Gott«, sagte S. »Ich muß dich nach Hause bringen. Sonst er-
barmst du dich noch der Katze, jede Wette.«

»Ich wünschte, ich könnte es«, sagte H. »Was für ein schönes Tier, was
für ein entzückendes Geschöpf, welch eine Prinzessin! Sie ist zu schade
für einen Kater, ich kann das nicht mit ansehen.« …

Herbst, die Wege dick mit braunen Blättern der großen Platane bedeckt;
die Katze lehrte ihre vier Jungen Jagen, Anschleichen und Springen,
während das Laub durch die Luft wirbelte. Die Blätter spielten dabei die
Rolle der Mäuse und Ratten – und wurden dann ins Haus gebracht. Das
eine Kätzchen pflegte sein Blatt sehr sorgfältig zu zerreißen. Es hatte die
merkwürdige Angewohnheit seiner Mutter geerbt: Sie kann eine halbe
Stunde damit verbringen, eine Zeitung systematisch mit den Zähnen zu
zerfetzen, Stückchen um Stückchen. Ob das typisch für Siamkatzen ist?

16

Eine Freundin von mir hat zwei Siamesen. Wenn sie Rosen in der Wohnung hat, holen sich die Katzen mit den Zähnen die Rosen aus der Vase, legen sie hin und reißen die Blütenblätter nacheinander ab, als wären sie in eine wichtige Arbeit vertieft. Vielleicht sollten in der freien Natur das Blatt, die Zeitung, die Rose Material für ein Lager sein …

Von diesem Wurf blieb ein Tier länger bei uns als die anderen. Den Winter über hatten wir zwei Katzen, die graue und ihren Sohn, einen bunten, bräunlich-orangegefleckten Kater mit einer Weste wie sein Vater. Die graue Katze wurde wieder zum Kätzchen, und die beiden spielten den ganzen Tag zusammen und schliefen eng angekuschelt. Der kleine

Kater war viel größer als seine Mutter; aber sie kommandierte ihn herum und verprügelte ihn, wenn er ihr Mißfallen erregte. Sie konnten stundenlang daliegen und sich schnurrend gegenseitig das Gesicht lecken ...

Dies war der Höhepunkt im Leben der grauen Katze, der Gipfel ihres Glückes und Charmes. Sie war nicht allein; ihr Gefährte bedrohte sie nicht, weil sie ihn beherrschte. Und sie war so schön – wirklich wunderschön.

Am vorteilhaftesten sah sie aus, wenn sie auf dem Bett saß und hinausschaute. Die cremefarbenen, leichtgestreiften Vorderbeine standen auf silbrigen Pfoten gerade nebeneinander. Die Ohren mit einem leichten weißen Rand, der wie Silber wirkte, waren gespitzt und bewegten sich lauschend und aufmerksam nach vorn und hinten. Ihr Gesicht folgte wachsam jeder neuen Wahrnehmung. Der Schwanz zuckte in einer anderen Dimension, als ob die Spitze Mitteilungen empfinge, die von anderen Organen nicht aufgenommen werden konnten. Sie saß verlassen da, luftig, beobachtend, lauschend, fühlend, riechend, atmend, mit jeder Fiber, mit Fell, Schnurrhaaren, Ohren – alles vibrierte zart. Wenn ein Fisch die Bewegung des Wassers verkörpert, ihr Form verleiht, dann ist die Katze Diagramm und Muster der so viel feineren Luft.

O Katze! sagte ich wie im Gebet. Schööööne Katze! Kostbare Katze! Erlesene Katze! Seidige Katze! Katze wie eine weiche Eule, Katze mit Pfoten wie Falter, juwelengeschmückte Katze, wunderbare Katze! Katze, Katze, Katze, Katze.

Zuerst beachtete sie mich nicht; dann wandte sie geschmeidig und hochmütig den Kopf und schloß bei jedem Lobeswort halb die Augen,

für jedes aufs neue. Und wenn ich aufhörte, gähnte sie träge und geziert und zeigte ein erdbeereisfarbenes Mäulchen und eine aufgerollte rosige Zunge.

Oder sie kauerte sich bedächtig hin und bannte mich mit ihren Augen. Ich blickte hinein; mandelförmig und dunkel umrandet und darum wieder ein cremefarbener Strich. Unter jedem Auge ein dunkler Pinselstrich. Grüne, grüne Augen; aber im Schatten von rauchigem Dunkelgold – eine dunkeläugige Katze. Aber im Licht grün, ein klares, kühles Smaragdgrün. Hinter den durchsichtigen Augäpfeln schimmerte ein Geäder wie Schmetterlingsflügel. Flügel gleich Juwelen – das Wesen des Flügels.

Ein Wandelndes Blatt ist von einem Blatt nicht zu unterscheiden – bei einem zufälligen Blick. Aber man schaue näher hin: Die Kopie eines Blattes ist mehr Blatt als das Blatt selbst – gerippt, geädert, zart, als ob ein Goldschmied es gearbeitet hätte, aber ein schalkhafter Goldschmied, so daß das Insekt fast schon eine Parodie ist. Sieh nur die Fälschung, sagt das Wandelnde Blatt: Gab es je ein so erlesenes Blatt wie mich? Sogar dort, wo ich die Unvollkommenheiten eines Blattes nachgemacht habe, bin ich vollkommen. Willst du je wieder ein gewöhnliches Blatt ansehen, nachdem du mich gesehen hast, das Kunstwerk?

In den Augen der grauen Katze lag der grüne Jadeschimmer eines Schmetterlingsflügels, als ob ein Künstler gesagt hätte: Was könnte so anmutig, so zierlich wie eine Katze sein? Was ein natürlicheres Luftgeschöpf? Welches Luftwesen ist der Katze verwandt? Der Schmetterling, natürlich der Schmetterling! Und da, tief in den Katzenaugen, liegt dieser Gedanke, nur angedeutet mit halbem Lachen, und verborgen hinter

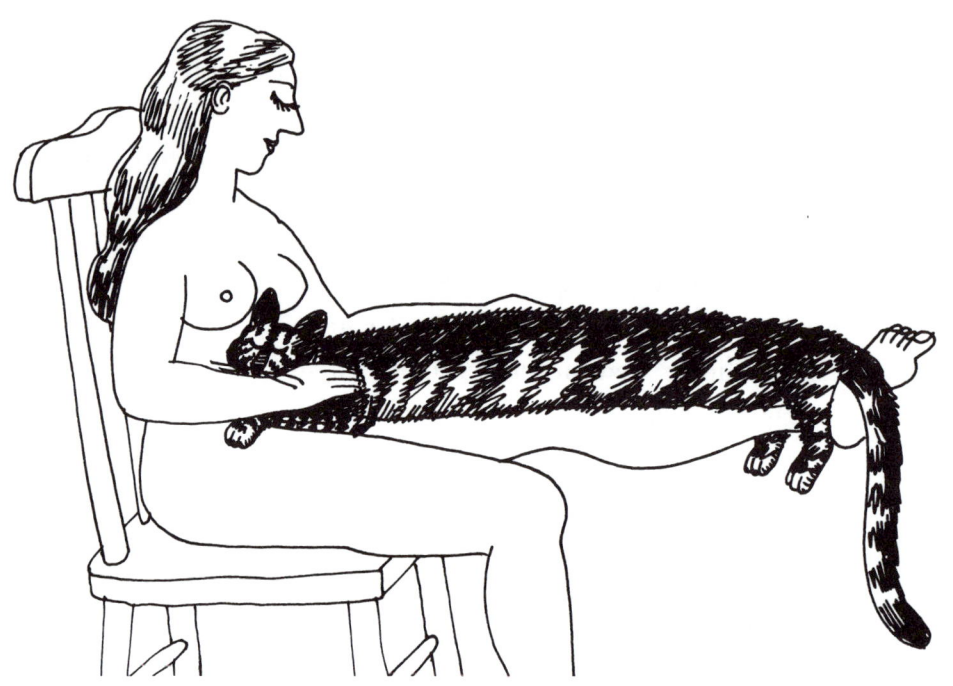

den Wimpernfransen, hinter dem feinen braunen Innenlid und den listigen Finten der Katzenkoketterie.

Graue Katze, vollkommene, erlesene Königin; graue Katze mit der Erinnerung an Leopard und Schlange; mit der Ähnlichkeit von Schmetterling und Eule; ein Miniaturlöwe mit mörderischen Stahlkrallen; graue Katze voller Geheimnisse, Verwandtschaften, Rätsel …

Patricia Highsmith

Stute und Kätzchen

Langsam wandte Fanny, die große Stute, den Kopf, als sie das Rascheln im Heu hörte. Das rhythmische Kauen wurde nicht unterbrochen, und die großen Augen, die ein wenig aussahen wie weiche braune Eier, blickten ruhig nach hinten und suchten auf dem Boden. Fanny nahm an, es sei eine der Katzen, obgleich sie selten so nahe herankamen. Zwei Katzen gab es auf dem Hof, eine rötliche und eine schwarzweiße. Fanny hatte sich nur flüchtig umgesehen. Oft kamen die Katzen einfach in den Stall, weil es dort still war und sie ungestört schlafen konnten. Fanny zog gelassen noch mehr Heu aus der Raufe, kaute und blickte sich dabei ein zweitesmal um, und jetzt sah sie das kleine graue Tierchen ganz nahe an ihrem Vorderfuß. Ein winzig kleines Kätzchen. Es gehörte weder zum Haushalt noch einer der größeren Katzen, denn die hatten jetzt keine Jungen.

Es war ein Tag im Juli, und die Sonne war im Untergehen. Schnaken tanzten um Fannys Augen und Nase, sie mußte schnauben. Ein kleines viereckiges Fenster, das im Winter geschlossen blieb, stand jetzt offen,

die Sonne strömte direkt in Fannys Augen. Heute hatte sie nicht viel zu arbeiten gehabt, denn Sam, der Mann, mit dem sie ihr Leben lang – seit zwölf Jahren also – gearbeitet hatte, war nicht gekommen, heute nicht und auch gestern nicht. Heute hatte sie, soweit sie es noch wußte, nichts getan, als mit Bess, der Frau des Hauses, zum Wassertank zu gehen und wieder zurück. Dann hatte sie eine ganze Weile kauend im Stall gestanden, bevor sie sich mit einem Grunzer zum Schlafen niederlegte. Die mächtigen Schenkel und der starke Brustkasten, gutgepolstert mit Fett und Muskelfleisch, sanken wie ein vorsichtig heruntergelassenes Faß ins Heu. Es wurde nun kühler. Die kleine graue Katze, die Fanny jetzt deutlicher erkannte, kam näher und rollte sich in den rötlichen Haaren hinter Fannys linkem Vorderhuf zusammen.

Sie war noch keine vier Monate alt, aschgrau und schwarz gescheckt; das Schwänzchen war nur so lang wie eine Kingsize-Zigarette, es war ihr mal jemand mitten draufgetreten, als sie noch jünger war. Sie hatte heute schon einen langen Weg zurückgelegt, etwa drei oder vier Meilen, und suchte den ersten Unterschlupf, der sich ihr bot.

Von zu Hause war sie weggelaufen, weil die Großmutter und die Ur-großmutter immer und immer wieder über sie hergefallen waren, bis es ihr zuviel wurde. Ihre Mutter war vor wenigen Tagen von einem Auto überfahren worden; die Kleine hatte den toten Körper auf der Straße liegen sehen und ein wenig daran geschnüffelt, und dann hatte ihr normaler Selbsterhaltungstrieb ihr gesagt, die große unbekannte Welt sei besser als die Umgebung, die sie kannte. Sie war ein drahtiges und

22

unerschrockenes kleines Geschöpf, nur war sie jetzt sehr müde. Als sie über den Hof strich, hatte sie nur aufgeweichtes Brot und Wasser im Hühnertrog gefunden, und trotz des Sommerabends fröstelte sie. Die mächtige rotbraune Stute strömte anheimelnde Wärme aus, und als sie sich niederlegte, entdeckte das Kätzchen den kleinen Winkel hinter dem Huf und ließ sich fallen.

Der Stute gefiel das Tierchen. So ein federleichtes winziges Ding! Pferd und Kätzchen schliefen zusammen ein …

Theodor Storm

Von Katzen

Vergangnen Maitag brachte meine Katze
Zur Welt sechs allerliebste kleine Kätzchen,
Maikätzchen, alle weiß mit schwarzen Schwänzchen.
Fürwahr, es war ein zierlich Wochenbettchen!
Die Köchin aber – Köchinnen sind grausam,
Und Menschlichkeit wächst nicht in einer Küche –
Die wollte von den sechsen fünf ertränken,
Fünf weiße, schwarzgeschwänzte Maienkätzchen
Ermorden wollte dies verruchte Weib.
Ich half ihr heim! – der Himmel segne
Mir meine Menschlichkeit! Die lieben Kätzchen,
Sie wuchsen auf und schritten binnen kurzem
Erhobnen Schwanzes über Hof und Herd;
Ja, wie die Köchin auch ingrimmig drein sah,
Sie wuchsen auf, und Nachts vor ihrem Fenster
Probierten sie die allerliebsten Stimmchen.
Ich aber, wie ich sie so wachsen sahe,

Ich pries mich selbst und meine Menschlichkeit. –
Ein Jahr ist um, und Katzen sind die Kätzchen,
Und Maitag ist's! – Wie soll ich es beschreiben,
Das Schauspiel, das sich jetzt vor mir entfaltet!
Mein ganzes Haus, vom Keller bis zum Giebel,
Ein jeder Winkel ist ein Wochenbettchen!
Hier liegt das eine, dort das andre Kätzchen,
In Schränken, Körben, unter Tisch und Treppen,
Die Alte gar – nein, es ist unaussprechlich,
Liegt in der Köchin jungfräulichem Bette!
Und jede, von den sieben Katzen
Hat sieben, denkt euch! sieben junge Kätzchen,
Maikätzchen, alle weiß mit schwarzem Schwänzchen!
Die Köchin rast, ich kann der blinden Wut
Nicht Schranken setzen dieses Frauenzimmers;
Ersäufen will sie alle neun und vierzig!
Mir selber, ach, mir läuft der Kopf davon –
O Menschlichkeit, wie soll ich dich bewahren!
Was fang' ich an mit sechs und funfzig Katzen! –

Claire Goll

Mandalay

»Gott schenkte uns die Katze, um uns zu erlauben, in ihr den Tiger zu streicheln«, sagt ein großer Dichter.

Seit Mandalay die Wohnung in einen Dschungel verwandelt hat, zitieren Er-au oder Sie-au, wie der Kater sie nennt, häufig diesen Ausspruch Victor Hugos. Und zwar immer derjenige von ihnen, dem die siamesische Katze gerade keinen Streich gespielt hat.

Aus den kleinen Gummibäumen, den Töpfen mit dem Immergrün und den harmlosen Kakteen vor dem Fenster war ein Urwald geworden, und Mandalay lauerte darinnen auf das Abenteuer. Er hatte zuviel Phantasie, um nicht überall und zu jeder Stunde des Tages auf ein Abenteuer zu warten. Zuweilen führte er ein Ballett auf mit einem Papierknäuel, ein siamesisches Ballett von großer Schönheit. Der berühmteste Luftsprung, den je ein Tänzer gemacht hat, der Nijinskys, in dem dieser achtmal in der Luft die Beine kreuzte, bevor er wieder den Boden berührte, war nichts gegen die Sprünge Mandalays. Sie waren geradezu eine Verneinung des Gesetzes der Schwerkraft. Er warf sich in die Luft, überkugelte sich mehrere Male, hängte sich an ein unsichtbares Seil und

26

ließ sich herabgleiten, die Pfötchen auf die Sprossen einer imaginären Leiter setzend. Jetzt wirbelte er um seinen Schwanz herum, als wäre er ein irrsinniger Kater und nicht der weise Mandalay, der noch vor einigen Minuten zur Fayence erstarrt von den Tempelstufen träumte, auf denen seine Vorfahren mit offenen Pupillen in die Unendlichkeit hineinsahen und mit rotglühenden Augen Löcher in die Zeit brannten.

Jetzt klettert er mit der ihm eigenen Verachtung der Materie an den Brokatvorhängen hinauf, die unter den einsetzenden Krallen knirschen, jongliert ein wenig mit einem Kolibri, der dem Dschungel der paar Fettpflanzen unten entflogen zu sein scheint, und sitzt schließlich als edle Skulptur auf der Vorhangstange, der Dinge harrend, die für einen Kater kommen müssen, der Brokatvorhänge mit Verachtung behandelt.

»Willst du wohl sofort herunterkommen!« ertönte die Stimme der Herrin. Mandalays Schweigen sagt deutlich, daß er nicht will.

»Er will uns ärgern, weil wir ihn geärgert haben, Liebste«, ruft der Herr durch die geöffnete Türe des Nebenzimmers.

Aha, denkt Mandalay, er deutet meine Geste richtig. Umsonst hat das Mädchen gesagt: »Madame, il est servie.« Umsonst hat Er gebeten: »Möchtest du nicht zu schreiben aufhören, Liebste, das Essen steht auf dem Tisch.« Sie fährt fort zu schreiben, ohne Rücksicht auf Kater, Mann und Mahlzeit. Wirklich, welch ein Mangel an Respekt! Mohammed schnitt seinen Ärmel ab, auf dem eine Katze eingeschlafen war, um sie nicht zu wecken, und hier geht eine über Papier eilende Feder allem anderen vor.

Einst war die Katze der Gott der Ägypter. Mandalay räkelt sich hoheitsvoll bei diesem Gedanken. Er macht einen stolzen, aristokratischen

Buckel, so hoch, wie ihn der nahe Plafond zuläßt, und erinnert sich dunkel seiner Vorfahren.

Nun geruht er seinen Absprung zu tun. Wenn man es nicht von ihm verlangt, kommt er gerne herunter. Nur unberechenbar sein und bleiben will er. Lautlos langt er auf seinen Gummisohlen auf dem Stuhl vor dem Tisch an.

Im Nebenzimmer pfeift Er einige Molltöne, um die Katze anzulocken. Aber selbst diese Laute, die gewöhnlich Mandalys Seele in so besondere Schwingungen versetzen, daß er sofort auf den Flötenden zuspringt, haben heute keine Wirkung auf ihn. Er kann die kriminelle Verzögerung des Mittagessens nicht verzeihen und zieht seine »mou« jedem »mi« vor.

28

Er kommt aus dem Nebenzimmer und legt seine Hand auf des Katers Kopf: »Ja, ja, Mandalay«, sagt er lachend, »in Indien, im Tempel des Lao-Tsun, am See Incaougij gelegen, leben hundert heilige Katzen, die alle lange vor ihrem Priester essen. Du hast deine Herren schlecht gewählt … Aha, man wünscht keine Berührung.«

Er zieht seine Hand zurück und geht wieder in sein Zimmer. Mandalays zuckender Schwanz zeigt zu deutlich seine Abneigung gegen Liebkosungen an. Er klopft lauter mit dem merwürdig verstümmelten, wie abgebrochenen Schwanz, der seiner Rasse Eigentümlichkeit ist, gegen die Stuhllehne. Nein, Sie hört und sieht nichts, wenn Sie schreibt. Das ist der Moment. Vorsichtig legt er seine schwarzbehandschuhten Vorderpfoten auf die Tischkante, dann schiebt er den Körper nach.

Noch ein kleiner Ruck, und er kann die Sardinen erschnappen.

Aber die Falschheit der Menschen ist unermeßlich. Richtet Sie sich nicht auf und sagt: »Mandalay, du Dieb, willst du wohl …«

Mandalay schaut Sie herausfordernd mit gläsernen Augen an.

»Vom Tisch herunter oder …«

»Oder?« fragt er spöttisch und rührt sich nicht. Er weiß genau, was er zu tun hat, um die auf dem Divan Liegende endlich zum Aufstehen zu bringen und zur feierlichen Handlung des Essens zu zwingen. Denn ist sie erst einmal aufgesprungen, legt sie sich nicht wieder hin.

»Oder ich hole den Stock!«

Mandalay lächelte, ohne sich zu bewegen. Kann man einem Kater, der von annamitischen Katzen abstammt, die im siebzehnten Jahrhundert aus dem Reich der Khmer importiert und mit den Katzen von Birma gekreuzt wurden, vielleicht mit Schlägen drohen? Drohen, ja. Dem entarteten Menschen ist alles möglich. Aber schlagen! Mandalay möchte am liebsten laut auflachen, wenn er könnte. Schlagen! Ihn, den Verwandten der geweihten Katzenstatuen von Mandalay, deren Augen aus echten Saphiren gemacht waren! Hat Er ihm das nicht oft genug erzählt?

»Ja, muß ich denn wirklich aufstehen und diesen Kater wegjagen?« Sie setzt probeweise einen Fuß auf den Boden. Mandalay rührt sich nicht. Nun folgt ihr zweiter Fuß. Der Kater zieht seinen Boxhandschuh zurück. Sie stürzt auf ihn zu.

»Ach, diese Katze! Der größte Dieb von Paris!«

Mandalay ist unter dem Kasten verschwunden. Er grinst. »Hallo! Zu Tisch!« ruft Sie zu ihm hinüber. »Was für ein tyrannisches Tier! Jedesmal, wenn man später essen möchte, bedroht es mich mit Diebstahl, mit seinen Urinstinkten! Welch unzähmbares Raubtier!«

Er kommt und lächelt sein feines siamesisches Lächeln, das er der Katze abgeguckt hat.

»Liebste, vergiß nicht: ›Dieu nous a donné le chat pour nous permettre de caresser le tigre.‹«

Heinrich Heine

Mimi

»Bin kein sittsam Bürgerkätzchen,
Nicht im frommen Stübchen spinn ich.
Auf dem Dach, in freier Luft,
Eine freie Katze bin ich.

Wenn ich sommernächtlich schwärme,
Auf dem Dache, in der Kühle,
Schnurrt und knurrt in mir Musik,
Und ich singe was ich fühle.«

Also spricht sie. Aus dem Busen
Wilde Brautgesänge quellen,
Und der Wohllaut lockt herbei
Alle Katerjunggesellen.

Alle Katerjunggesellen,
Schnurrend, knurrend, alle kommen,
Mit Mimi zu musizieren,
Liebelechzend, lustentglommen.

Das sind keine Virtuosen,
Die entweiht jemals für Lohngunst
Die Musik, sie blieben stets
Die Apostel heil'ger Tonkunst.

Brauchen keine Instrumente,
Sie sind selber Bratsch und Flöte;
Eine Pauke ist ihr Bauch,
Ihre Nasen sind Trompeten.

Sie erheben ihre Stimmen
Zum Konzert gemeinsam jetzo;
Das sind Fugen, wie von Bach
Oder Guido von Arezzo.

Das sind tolle Symphonien,
Wie Capricen von Beethoven
Oder Berlioz, der wird
Schnurrend, knurrend, übertroffen.

Heinrich Heine *Mimi*

Wunderbare Macht der Töne!
Zauberklänge sondergleichen!
Sie erschüttern selbst den Himmel
Und die Sterne dort erbleichen.

Wenn sie hört die Zauberklänge,
Wenn sie hört die Wundertöne,
So verhüllt ihr Angesicht
Mit dem Wolkenflor Selene.

Nur das Lästermaul, die alte
Primadonna Philomele
Rümpft die Nase, schnupft und schmäht
Mimis Singen – kalte Seele!

Doch gleichviel! Das musizieret,
Trotz dem Neide der Signora,
Bis am Horizont erscheint
Rosig lächelnd Fee Aurora.

Charles Baudelaire

Die Katze

Komm, süße Katze, leg dich sanft auf meine Brust,
Halt' eingezogen noch die scharfen Krallen,
Lass' mich Verliebten tauchen voller Lust
In deiner Augen Blick, achaten und metallen.

Wenn meine Hand dich zärtlich karessiert,
Den Kopf dir streichelt und den schlanken Rücken,
Von deines straffen Körpers Strom elektrisiert,
Fährt in die Hand mir trunkenes Entzücken.

Dann seh' ich meine Frau: ihr Blick tief wie das Meer,
Er gleicht, Geliebte, Katze, ganz dem deinen,
Abgründig, kalt, und trifft mich wie ein Speer.

Es webt ein Duft um sie, vom Scheitel zu den Beinen,
Der ihren braunen Körper sacht umschlingt,
Ein Hauch von Zartheit, der Gefahr mir bringt.

Johann Wolfgang von Goethe

Die heilige Katz'

Abuherriras Katze hier
Knurrt um den Herrn und schmeichelt:
Denn immer ist's ein heilig Tier,
Das der Prophet gestreichelt.

Thomas Mann

Stadt der Katzen

Vorderhand zog er mit seinen Käufern am lehmigen, flachen, manchmal von dünn aufgeschossenen Palmen gesäumten Ufer dahin des Se-
genskanals, auf dessen glatter Fläche eine Bootsflottille mit überhohen
Segeln an schwanken Masten langsam ihnen entgegen nach Osten glitt.
So fortschreitend, war Per-Sopdu, die heilige Stadt, nicht zu verfehlen,
welche sich, da sie sie erreichten, als eng verbaut, unverhältnismäßig
hoch ummauert und sehr arm an Leben erwies.
Kurzum, die eifersüchtige Kränkung der Sopd-Propheten durch den
Wandel der Zeiten und den Vorglanz des Südens war offenkundig, und
die Ismaeliter, der Alte voran, ehrten diese Empfindlichkeit und pflich-
teten ihr händlerisch bei; sie erhöhten auch noch ihre Darbringung
durch einige Brote und Krüge Biers und erwiesen dem beiseitegedräng-
ten Sopd alle Aufmerksamkeit, ehe sie weiterzogen nach *Per-Bastet*, das
ganz in der Nähe war.
Hier nun roch es so eindringlich nach Katzenkraut, daß es dem nicht
daran gewöhnten Fremden fast übel davon wurde. Denn der Geruch ist
jedem Wesen zuwider, nur nicht dem heiligen Tier der Bastet, nämlich

der Katze, die ihn, wie man weiß, sogar gierig bevorzugt. Zahlreiche Beispiele dieses Tiers wurden in Bastets Heiligtum, dem gewaltigen Kernstück der Stadt, gehalten, schwarze, weiße und bunte, wo sie mit der zähen und lautlosen Anmut ihrer Art auf den Mauern und in den Höfen zwischen den Andächtigen umherstrichen; und man schmeichelte ihnen mit dem eklen Gewächs. Da aber auch überall sonst in Per-Bastet, in allen Häusern, die Katze gepflegt wurde, so war der Baldrianschmack wahrhaftig derart, daß er sich allem beimischte, die Speisen würzte und sich auf lange Zeit in die Gewandstücke setzte, woran denn die Reisenden noch in On und Mempi erkannt wurden, denn die Leute sagten dort lachend zu ihnen: »Merklich kommt ihr aus Per-Bastet!«

Übrigens galt das Lachen nicht dem Geruche allein, sondern der Katzenstadt selbst und den Gedanken, die sich an sie knüpften und die lustig waren. Denn Per-Bastet, ganz im Gegensatz zu Per-Sopd, das es an Größe und Menschenmenge auch weit übertraf, war eine Stadt von lustigem Ruf und Ansehen, obgleich sie so tief im altertümlichen Delta lag, – aber eben von altertümlicher, derber Lustigkeit, über die ganz Ägypten das Lachen ankam beim bloßen Gedenken. Diese Stadt nämlich verfügte, anders als das Haus des Sopd, über ein allgemein gültiges Fest, zu dem, wie die Bewohner sich rühmten, ›Millionen‹, das hieß ganz gewiß Zehntausende von Leuten stromabwärts auf dem Land- oder Wasserwege daherreisten, schon im voraus sehr aufgeräumt, denn die Weiber zumal, ausgerüstet mit Klappern, sollten sich schelmisch dabei benehmen und von den Verdecken der Schiffe stark altertümliche Schimpfworte und Gebärden zu den Ortschaften hinübersenden, an denen sie vorbeikamen. Aber auch die Männer waren sehr fröhlich, pfiffen, sangen

und klatschten; und sie alle, die da gezogen kamen, hielten große, drangvolle Volkszusammenkünfte in Per-Bastet, wo sie in Zelten kampierten: ein Fest von drei Tagen, mit Opfern, Tänzen und Mummenschänzen, mit Jahrmarkt, dumpfem Getrommel, Märchenerzählern, Gaukeleien, Schlangenbeschwörern und so viel Traubenwein, wie in Per-Bastet das ganze übrige Jahr hindurch nicht verbraucht wurde, so daß, wie es hieß, die Menge sich in echt altertümlicher Verfassung befand und sich zeitweise sogar selber geißelte oder sich vielmehr schmerzhaft mit einer Art von stachligen Knüppeln schlug, unter allgemeinem Geschrei, das mit dem alten Bastet-Feste untrennbar verbunden und eben der Anlaß und Gegenstand des lachenden Gedenkens war; denn es lautete dem Geschreie der Katzen gleich, wenn sie nächtlich der Kater besucht.

Aus: Joseph und seine Brüder

Friedrich Hebbel

Aus der Kindheit

»Ja, das Kätzchen hat gestohlen,
   Und das Kätzchen wird ertränkt,
Nachbars Peter sollst du holen,
   Daß er es im Teich versenkt!«

Nachbars Peter hat's vernommen,
   Ungerufen kommt er schon;
»Ist die Diebin zu bekommen
   Gebe ich ihr gern den Lohn!«

Mutter, nein, er will sie quälen,
   Gestern warf er schon nach ihr,
Bleibt nichts and'res mehr zu wählen,
   So ertränk' ich selbst das Tier.

Sieh, das Kätzchen kommt gesprungen,
    Wie es glänzt im Morgenstrahl!
Lustig hüpft's dem kleinen Jungen
    Auf den Arm zu seiner Qual.

Mutter, laß das Kätzchen leben,
    Jedesmal, wenn's dich bestiehlt,
Sollst du mir kein Frühstück geben,
    Sieh nur, wie es artig spielt!

»Nein, der Vater hat's geboten,
    Hundertmal ist ihr verzieh'n!«
Hat sie doch vier weiße Pfoten!
    »Einerlei! Ihr Tag erschien!«

»Nachbarin, ich folg' ihm leise,
    Ob er es auch wirklich tut!«
Peter spricht es häm'scherweise,
    Und der Knabe hört's mit Wut.

Unterwegs auf manchem Platze
    Bietet er sein Liebchen aus,
Aber keiner will die Katze,
    Jeder hat sie längst im Haus.

Die heilige Katz'

Ach, da ist er schon am Teiche
    Und sein Blick, sein scheuer, schweift,
Ob ihn Peter noch umschleiche –
    Ja, er steht von fern und pfeift.

Nun, wir müssen alle sterben,
    Großmama ging dir vorauf,
Und du wirst den Himmel erben,
    Kratze nur, sie macht dir auf!

Jetzt, um sie recht tief zu betten,
    Wirft er sie mit aller Macht,
Doch zugleich, um sie zu retten,
    Springt er nach, als er's vollbracht.

Eilte Peter nicht, der lange,
    Gleich im Augenblick herzu,
Fände er, es ist mir bange,
    Hier im Teich die ew'ge Ruh.

In das Haus zurückgetragen,
    Hört er auf die Mutter nicht,
Schweigt auf alle ihre Fragen
    Schließt die Augen trotzig-dicht.

Von dem Zucker, den sie brachte,
   Nimmt er zwar zerstreut ein Stück,
Doch den Tee, den sie ihm machte,
   Weist er ungestüm zurück.

Welch ein Ton! Er dreht sich stutzend,
   Und auf einer Fensterbank,
Spinnend und sich emsig putzend,
   Sitzt sein Kätzchen blink und blank.

»Lebt sie, Mutter?« Dem Verderben
   Warst du näher, Kind, als sie!
»Und sie soll auch nicht mehr sterben?«
   Trinke nur, so soll sie's nie!

Brüder Grimm

Der arme Müllersbursch und das Kätzchen

In einer Mühle lebte ein alter Müller, der hatte weder Frau noch Kinder, und drei Müllerburschen dienten bei ihm. Wie sie nun etliche Jahre bei ihm gewesen waren, sagte er eines Tags zu ihnen »ich bin alt und will mich hinter den Ofen setzen: zieht aus, und wer mir das beste Pferd nach Haus bringt, dem will ich die Mühle geben, und er soll mich dafür bis an meinen Tod verpflegen.« Der dritte von den Burschen war aber der Kleinknecht, der ward von den andern für albern gehalten, dem gönnten sie die Mühle nicht; und er wollte sie hernach nicht einmal. Da zogen sie alle drei miteinander aus, und wie sie vor das Dorf kamen, sagten die zwei zu dem albernen Hans »du kannst nur hier bleiben, du kriegst dein Lebtag keinen Gaul.« Hans aber ging doch mit, und als es Nacht war, kamen sie an eine Höhle, dahinein legten sie sich schlafen. Die zwei Klugen warteten, bis Hans eingeschlafen war, dann stiegen sie auf, machten sich fort und ließen Hänschen liegen, und meintens recht fein gemacht zu haben; ja, es wird euch doch nicht gut gehen! Wie nun die Sonne kam, und Hans aufwachte, lag er in einer tiefen Höhle: er guckte sich überall um und rief »ach Gott, wo bin ich!« Da erhob er sich

44

und krabbelte die Höhle hinauf, ging in den Wald und dachte »ich bin hier ganz allein und verlassen, wie soll ich nun zu einem Pferd kommen!« Indem er so in Gedanken dahinging, begegnete ihm ein kleines buntes Kätzchen, das sprach ganz freundlich »Hans, wo willst du hin?« »Ach, du kannst mir doch nicht helfen.« »Was dein Begehren ist, weiß ich wohl,« sprach das Kätzchen, »du willst einen hübschen Gaul haben. Komm mit mir und sei sieben Jahre lang mein treuer Knecht, so will ich dir einen geben, schöner, als du dein Lebtag einen gesehen hast.« »Nun, das ist eine wunderliche Katze,« dachte Hans, »aber sehen will ich doch, ob das wahr ist, was sie sagt.« Da nahm sie ihn mit in ihr verwünschtes Schlößchen und hatte da lauter Kätzchen, die ihr dienten: die sprangen flink die Treppe auf und ab, waren lustig und guter Dinge. Abends, als sie sich zu Tisch setzten, mußten drei Musik machen: eins strich den Baß, das andere die Geige, das dritte setzte die Trompete an und blies die Backen auf, so sehr es nur konnte. Als sie gegessen hatten, wurde der Tisch weggetragen, und die Katze sagte »nun komm, Hans, und tanze mit mir.« »Nein,« antwortete er, »mit einer Miezekatze tanze ich nicht, das habe ich noch niemals getan.« »So bringt ihn ins Bett,« sagte sie zu den Kätzchen. Da leuchtete ihm eins in seine Schlafkammer, eins zog ihm die Schuhe aus, eins die Strümpfe, und zuletzt blies eins das Licht aus. Am andern Morgen kamen sie wieder und halfen ihm aus dem Bett: eins zog ihm die Strümpfe an, eins band ihm die Strumpfbänder, eins holte die Schuhe, eins wusch ihn, und eins trocknete ihm mit dem Schwanz das Gesicht ab. »Das tut recht sanft,« sagte Hans. Er mußte aber auch der Katze dienen und alle Tage Holz klein machen; dazu kriegte er eine Axt von Silber, und die Keile und Säge von Silber, und der

Schläger war von Kupfer. Nun, da machte ers klein, blieb da im Haus,
hatte sein gutes Essen und Trinken, sah aber niemand als die bunte
Katze und ihr Gesinde. Einmal sagte sie zu ihm »geh hin und mähe
meine Wiese, und mache das Gras trocken,« und gab ihm von Silber eine
Sense und von Gold einen Wetzstein, hieß ihn aber auch alles wieder
richtig abliefern. Da ging Hans hin und tat, was ihm geheißen war; nach
vollbrachter Arbeit trug er Sense, Wetzstein und Heu nach Haus und
fragte, ob sie ihm noch nicht seinen Lohn geben wollte. »Nein,« sagte die
Katze, »du sollst mir erst noch einerlei tun, da ist Bauholz von Silber,
Zimmeraxt, Winkeleisen, und was nötig ist, alles von Silber, daraus baue
mir erst ein kleines Häuschen.« Da baute Hans das Häuschen fertig und
sagte, er hätte nun alles getan, und hätte noch kein Pferd. Doch waren
ihm die sieben Jahre herumgegangen wie ein halbes. Fragte die Katze,

ob er ihre Pferde sehen wollte? »Ja,« sagte Hans. Da machte sie ihm das Häuschen auf, und weil sie die Türe so aufmacht, da stehen zwölf Pferde, ach, die waren gewesen ganz stolz, die hatten geblänkt und gespiegelt, daß sich sein Herz im Leibe darüber freute. Nun gab sie ihm zu essen und zu trinken und sprach »geh heim, dein Pferd geb ich dir nicht mit: in drei Tagen aber komm ich und bringe dirs nach.« Also machte Hans sich auf, und sie zeigte ihm den Weg zur Mühle. Sie hatte ihm aber nicht einmal ein neues Kleid gegeben, sondern er mußte sein altes lumpiges Kittelchen behalten, das er mitgebracht hatte, und das ihm in den sieben Jahren überall zu kurz geworden war. Wie er nun heim kam, so waren die beiden andern Müllerburschen auch wieder da: jeder hatte zwar sein Pferd mitgebracht, aber des einen seins war blind, des andern seins lahm. Sie fragten »Hans, wo hast du dein Pferd?« »In drei Tagen wirds nachkommen.« Da lachten sie und sagten »ja du Hans, wo willst du ein Pferd herkriegen, das wird was Rechtes sein!« Hans ging in die Stube, der Müller sagte aber, er sollte nicht an den Tisch kommen, er wäre so zerrissen und zerlumpt, man müßte sich schämen, wenn jemand hereinkäme. Da gaben sie ihm ein bißchen Essen hinaus, und wie sie abends schlafen gingen, wollten ihm die zwei andern kein Bett geben, und er mußte endlich ins Gänseställchen kriechen und sich auf ein wenig hartes Stroh legen. Am Morgen, wie er aufwacht, sind schon die drei Tage herum, und es kommt eine Kutsche mit sechs Pferden, ei, die glänzten, daß es schön war, und ein Bedienter, der brachte noch ein siebentes, das war für den armen Müllerbursch. Aus der Kutsche aber stieg eine prächtige Königstochter und ging in die Mühle hinein, und die Königstochter war das kleine bunte Kätzchen, dem der arme Hans sie-

ben Jahr gedient hatte. Sie fragte den Müller, wo der Mahlbursch, der Kleinknecht wäre. Da sagte der Müller »den können wir nicht in die Mühle nehmen, der ist so verrissen und liegt im Gänsestall.« Da sagte die Königstochter, sie sollten ihn gleich holen. Also holten sie ihn heraus, und er mußte sein Kittelchen zusammenpacken, um sich zu bedecken. Da schnallte der Bediente prächtige Kleider aus, und mußte ihn waschen und anziehen, und wie er fertig war, konnte kein König schöner aussehen. Danach verlangte die Jungfrau, die Pferde zu sehen, welche die andern Mahlburschen mitgebracht hatten, eins war blind, das andere lahm. Da ließ sie den Bedienten das siebente Pferd bringen: wie der Müller das sah, sprach er, so eins wär ihm noch nicht auf den Hof gekommen; »und das ist für den dritten Mahlbursch,« sagte sie. »Da muß er die Mühle haben,« sagte der Müller, die Königstochter aber sprach, da wäre das Pferd, er sollte seine Mühle auch behalten: und nimmt ihren treuen Hans und setzt ihn in die Kutsche und fährt mit ihm fort. Sie fahren zuerst nach dem kleinen Häuschen, das er mit dem silbernen Werkzeug gebaut hat, da ist es ein großes Schloß, und ist alles darin von Silber und Gold; und da hat sie ihn geheiratet, und war er reich, so reich, daß er für sein Lebtag genug hatte. Darum soll keiner sagen, daß, wer albern ist, deshalb nichts Rechtes werden könne.

Theodor Storm

Von Kindern und Katzen, und wie sie Nine begruben

Mit Katzen ist es in früherer Zeit in unserem Hause sehr »begänge« gewesen. Noch vor meiner Hochzeit wurde mir von einem alten Hofbesitzer ein kleines kaninchenblaues Kätzchen ins Haus gebracht; er nahm es sorgsam aus seinem zusammengeknüpften Schnupftuch, setzte es vor mir auf den Tisch und sagte: »Da bring ich was zur Aussteuer!« Diese Katze, welche einen weißen Kragen und vier weiße Pfötchen hatte, hieß die »Manschettenmieße«. Während ihrer Kindheit hatte ich sie oft, wenn ich arbeitete, vorn in meinem Schlafrock sitzen, so daß nur der kleine hübsche Kopf hervorguckte. Höchst aufmerksam folgten ihre Augen meiner schreibenden Feder, die bei dem melodischen Spinnerlied des Kätzchens gar munter hin und wider glitt. Oftmals, als wolle sie meinen gar zu großen Eifer zügeln, streckte sie auch wohl das Pfötchen aus und hielt die Feder an, was mich dann stets bedenklich machte, und wodurch mancher Gedankenstrich in meine nachher gedruckten Schriften gekommen ist.

Die Manschettenmieße selber ist, wie ich fürchte, durch diesen Verkehr etwas gar zu gebildet geworden; denn da sie endlich groß und dann auch

Die heilige Katz'

Mutter manches allerliebsten kaninchengrauen Kätzchens geworden war, verlangte sie, gleich den feinen Damen, allezeit eine Amme für ihre Kinder; und da die Nachbarskatzen sich nur selten zu diesem Dienst verstehen wollten, so sind fast alle ihre kleinen Ebenbilder elendiglich zugrunde gegangen.

Nur einen kleinen weißen Kater zog sie wirklich groß, welcher wegen seines grimmigen Aussehens »der weiße Bär« genannt wurde, nachher aber eine Katze war.

Später, da schon zwei kleine Buben lustig durch Haus und Garten tobten, waren drei Katzen in der Wirtschaft: nämlich außer den vorbenannten noch ein Sohn des weißen Bären, genannt »der schwarze Kater«, ein großer ungebärdiger Geselle; vielleicht ein Held, aber jedenfalls ein Scheusal, von dem nicht viel zu sagen, als daß er, besonders in der schönen Frühlingszeit, unter schauderhaftem Geheul gegen alle Nachbarskater zu Felde lag, daß er stets mit einem blutigen Auge und zerfetztem Fell umherlief und außerdem noch seine kleinen Herren biß und kratzte.

Von der Großmutter, der Manschettenmieße, die nachmals ganz berühmt geworden ist, wäre noch vielerlei zu berichten; da sie aber in der Geschichte, die ich hier am Schluß erzählen will, nur ein einzigmal »Miau« zu sagen hat, so soll's für eine schicklichere Gelegenheit verspart sein.

Es geschah aber, daß unser mit drei Katzen also stattlich begründetes Heimwesen durch den hereingebrochenen Dänenkrieg gar jämmerlich zugrunde ging; meine beiden Knaben, und noch ein kleiner dritter, der hinzugekommen war, mußten mit mir und ihrer Mutter in die Fremde

50

wandern, und, so gastlich man uns draußen aufnahm, es war doch in den ersten Jahren eine trübe, katzenlose Zeit.

Zwar hatten wir ein Kindermädchen, welches Anna hieß; ihr gutes rundes Gesicht sah allzeit aus, als wäre sie eben vom Torfabladen hergekommen, weshalb die Kinder sie die »schwarze Anna« nannten; aber eine Katze in unser gemietetes Haus zu nehmen, konnten wir noch immer nicht den Mut gewinnen. Da – drei Jahre waren so vergangen – kam von selber eine zugelaufen, ein weiß und schwarz geflecktes Tierchen, schon wohl erzogen und von anschmiegsamer Gemütsart.

Was ist von diesem Käterchen zu sagen? – Zum mindesten der Pyramidenritt.

Da nämlich den beiden größeren Buben das gewöhnliche Zubettegehen doch gar zu simpel war, so hatten sie's erfunden, auf der schwarzen Anna zu Bett zu reiten; derart, daß sie dabei auf ihrer Schulter saßen und die kleinen Kinderbeinchen vorn herunterbaumelten. Jetzt aber wurde das um vieles stattlicher; denn eines Abends, da sich die Tür der Schlafkammer öffnete, kam in das Wohnzimmer zum Gutenachtsagen eine vollständige Pyramide hereingeritten: über dem großen Kopf der schwarzen Anna der kleinere des lachenden Jungen, über diesem dann der noch viel kleinere Kopf des Käterchens, das sich ruhig bei den Vorderpfötchen halten und dabei ein gar behaglich und vernehmbares Spinnen ausgehen ließ. – Dreimal ritt diese Pyramide die Runde in der Stube und dann zu Bett.

Es war sehr hübsch; aber es wurde der Tod des kleinen Katers. Die guten Stunden, die er nach solchem Ritt zur Belohnung im Federbett bei seinem jungen Freunde zubringen durfte, hatten ihn so verwöhnt, daß er eines scharfen Wintermorgens, da er am Abend ausgeschlossen worden, tot und steifgefroren im Waschhause aufgefunden wurde.

Und wieder kam eine stille, katzenlose Zeit.

Aber wo fände sich nicht eine Aushülfe! Ich konnte ja vortrefflich Katzen zeichnen; – und ich zeichnete! Freilich nur mit Feder und Dinte; aber sie wurden ausgeschnitten und aus dem Tuschkasten sauber angemalt: Katzen von allen Farben und Arten, sitzende und springende, auf vieren und auf zweien gehend, Katzen mit einer Maus im Maule und einem Milchtopf in der Pfote, Katzen mit Kätzchen auf dem Arme und einem bunten Vöglein in der Tatze; den Preis über alle aber gewann ein würdig blickender grauer Kater mit rauhem, bärtigem Antlitz. Ihm wurde in einer Kammer, wo die Kinder spielten, aus Bauholz ein eignes Haus mit Wohn- und Staatsgemächern aufgebaut. Viel Zeit und Mühe war darauf verwandt worden; deshalb erhielt es aber auch das Vorrecht, vor dem zerstörenden Eulbesen der Köchin durch strenges Verbot geschützt zu werden. Es hieß »das Hotel zur schwarzen Anna«; und »der alte Herr«, welchen Namen der Graue sich gar bald erworben hatte, hat lange darin gewohnt. Selten nur verließ er seine angenehmen Räume; desto lieber, da es ihm an Dienerschaft nicht fehlte, versammelte er bei sich die Gesellschaft seiner Freunde und Freundinnen. Dann ging es hoch her; wir haben oft durchs Fenster eingeguckt. Fetter Rahm in Tassenschälchen, Bratwürstchen und gebratene Lerchen wurden immer aufgetragen; den Ehrenplatz zur Rechten des Gastgebers aber hatte allezeit ein allerliebstes weißes Kätzchen mit einem roten Bändchen um den Hals; ob es eine Verwandte oder gar die Töchter desselben gewesen, haben wir nicht erfahren können.

52

Außer solchen Festen lebte übrigens der alte Herr still für sich weg; nur manchmal liebte er es, aus seinem Hause auf die Spiele der Kinder in der Kammer hinabzublicken, wozu er die bequemste Gelegenheit hatte, da das Hotel »Zur schwarzen Anna« auf einer Fensterbank erbaut war. Dann stieß wohl eins der Kinder das andere an und flüsterte: »Seht, seht! Der alte Herr steht wieder einmal am Fenster!«

Auch seinen Geburtstag sollte er noch erleben. Zu diesem Feste, an welchem alle Kater und Katzen sich zur Gratulation versammeln sollten, bekam ich den Auftrag, sein Brustbild in Lebensgröße zu malen, was dann auch wirklich am Morgen des Festtages, in einen breiten Goldrahmen gefaßt, im Saale des Hotels aufgehangen wurde.

Aber es nimmt alles einmal ein Ende. – Da wir eines Morgens aufgestanden waren, fanden wir ihn tot in seinem Bette. Ob er bei dem letzten leckeren Mahle sich zu viel getan, ob die ihm zugemessene Lebensdauer abgelaufen war; – soviel steht fest, was wir hier vor uns sahen, war nur noch seine entseelte Hülle.

Also wurde ein Schächtelchen mit schwarzem Papier beklebt und ausgeschlagen und so ein Sarg daraus gemacht. Der alte Herr wurde hineingelegt und stand zur Parade in dem großen Saale des Hotels, wo von der Wand sein noch in aller Lebensfülle gemaltes Bildnis auf den Sarg herabsah.

Endlich wurde er auf dem Steinhofe – ach, einen Garten hatten wir da draußen nicht! – in das für ihn gegrabene Grab gesenkt und mit einem schweren Steine fest und dauerhaft bedeckt.

– – Aber wer möchte nicht gern wissen, wie die Toten aussehen! – Natürlich wurde der alte Herr nach einem halben Jahr wieder ausgegraben,

53

sehr mit Schimmel überzogen vorgefunden, schaudernd und ganz genau betrachtet, und dann endlich noch einmal und auch zum allerletztenmal begraben.

Für Kinder und alte Leute, welch ein erlösender Zauber liegt in dem Begraben!

In der Heimat zur Zeit der Manschettenmieße, als die zwei ältesten Knaben ihre ersten Kittel noch nicht ausgetragen hatten, als sie für den großen Garten, der am Hause war, mit eignem »Schmierzeug« noch versehen waren, – in jener glücklichen Zeit gab es außer Katzen auch noch anderes Getier im Hause. Da war ein kleiner weißer Pudel, welcher

»Bube« hieß, aber leider trotz des Tierarztes schon früh an einer Hunde-Kinderkrankheit sterben mußte; dann war ein weißes Kaninchen, welches »Nine« hieß, und außerdem noch eine weiße Taube, welche keinen Namen hatte, sonst aber sehr wohl »Federlos« hätte heißen können.

In dem geräumigen Taubenschlage auf dem Hausboden hatte sie einst mit vielen schönen Gefährten, Hahnenschwänzen und Mohrenköpfen, gewohnt und sich von dort aus lustig mit ihnen über den grünen Gärten in der Luft getummelt; aber eines Nachts war der Marder eingebrochen, und sie allein blieb die Überlebende. Damit sie in dem großen leeren Schlage nicht allzu sehr die Einsamkeit empfinde, wurde das Kaninchen ihr zum Gesellen beigegeben, und da weder dieses von ihren Erbsen, noch sie die Hundeblumenblätter des Kaninchens begehrte, so lebten sie wie Geschwister einträchtiglich beisammen. Wenn die Taube von ihren Ausflügen heimkam, klappte Nine allzeit freudig mit den Hinterläufen; denn sie spielten dann Greif oder Haschemännchen miteinander, und da das Kaninchen sehr gut greifen konnte, so geschah es dabei von selber, daß es seiner Freundin einen Mund voll Federn nach dem andern abbiß. – So wurde sie das Täubchen »Federlos« und konnte nur noch mit den Posen fliegen.

Aber weiter kam es nicht; die Posen sollte sie behalten. Denn da die Knaben eines Morgens in den Schlag hinanstiegen, flatterte das Täubchen Federlos zwar noch um sie herum, Nine aber lag mit ausgestreckten vieren tot und platt am Boden.

Eilig stürmten sie die Treppen hinab und verkündeten im Wohnzimmer ihre Trauerkunde, wo ich ahnungslos bei meiner Tasse Tee saß.

Wahrscheinlich hatte Nine sich an Taubenfedern tot gegessen; indessen

ich bedachte solches nicht und sagte ohne viele Umstände: »Da habt ihr's wohl verhungern lassen!«

Ob das Gewissen der beiden dennoch nicht ganz rein gewesen? – Aber – hilf Himmel! wie huben auf dieses Wort die kleinen Kerle an zu schreien! Kein Trost, kein Zuspruch half, die Tränen liefen ihnen stromweis über die Backen.

Da trat mein Freund, der Doktor – der als Primaner einst so schön die Klarinette spielte – in die Tür: »Hallo! Jungens, was ist da los?«

Die Augen wandten sich zu dem Sprecher, und einen Augenblick lang stockte das Geheul. »Doktor«, rief der eine im wehmutigsten Klagelaut, »unser Nine ist tot!«

»Und wir haben es verhungern lassen!« schrie der andere. – Dann heulten sie beide wieder mit vereinten Kräften.

»Jungens!« rief der Doktor. »Euer Nine wird nicht mehr lebendig! Aber, wißt ihr das denn nicht? Wenn es tot ist, so müßt ihr es begraben!«

Begraben! – Das Zauberwort war gesprochen. Das Geschrei verstummte, die Tränen wurden abgewischt, ein wahres Sonnenleuchten verklärte die Gesichter der beiden Kinder. – Schon waren sie aus dem Zimmer und die Bodentreppe hinauf; und nicht lange, so kamen sie fröhlichen Angesichts mit dem Leichnam ihres Nine angezogen; der eine hatte es an den Ohren, der andere an den Hinterläufen. So zogen wir mitsammen in den Garten hinaus.

Als wir auf dem großen Steige waren, begegnete uns die Manschettenmieße. »Miau!« sagte sie, indem sie stehenblieb und uns ansah.

Der Zug hielt; und die Kinder sahen sie wieder an. »Mite«, sagte der Kleine, noch einmal in seinen Klageton verfallend, »unser Nine ist tot!«

Dann setzte der Zug sich wieder in Bewegung, und Mite machte einen Buckel und sprang mit, um dem Begräbnis beizuwohnen.

Der Doktor hatte schon den Spaten in der Hand, und an der Geißblattlaube, unter überhängenden Ulmenzweigen, wurde nach reiflicher Erwägung die Stätte auserwählt. Da wurde ich von der Magd ins Haus zurückgerufen und überließ dem Doktor allein die Leitung unserer Trauerfeierlichkeit.

Drinnen im Hause erwarteten mich ganz andere Dinge. Da war ein Mann, der hatte einen bösen Schuldner, von dem er weder Kapital noch Zinsen erhalten konnte, und wir sprachen wohl eine halbe Stunde miteinander, auf welche Weise ihm zu beidem zu verhelfen sei.

Als ich dann wieder in den Garten hinauskam, war der Doktor nicht mehr da; auch der Körper des verstorbenen Nine war verschwunden, und der Spaten lehnte an der Planke. Die beiden kleinen Totengräber aber – die natürlich ihr Schmierzeug anhatten – lagen neben der Geißblattlaube auf den Knieen und hatten einen kleinen seltsam glänzenden Erdhügel zwischen sich, auf dem sie beide eifrig mit ihren rotkarierten Taschentüchern rieben.

»Was macht ihr da?« fragte ich, indem ich zu ihnen trat; denn diese Sache war mir völlig unverständlich.

Da guckte der Kleine auf. »Papa!« sagte er, und sein Gesicht leuchtete so fröhlich wie droben kaum die liebe Himmelssonne – »wir polieren Nine sein Grab mit Spucke!«

– – Und also endete dies vergnügliche Begräbnis.

Karl Valentin

Liesl Karlstadt rettet eine Katze

Karl Valentin erinnert sich an seine
Bühnenpartnerin Liesl Karlstadt:

Schon vor dem Ersten Weltkrieg habe ich sie kennengelernt. Sie trat mit mir zusammen im Frankfurter Hof auf. Etwas später bewahrte ich sie vor einer Tournee, die gerade für St. Petersburg zusammengestellt werden sollte. Wir haben dann eifrig geprobt und bekamen alsbald unser erstes gemeinsames Engagement im Hotel Wagner in der Sonnenstraße, wo wir mit dem bekannten Tiroler Terzett »Alpenveilchen« herauskamen. Seitdem sind wir über dreißig Jahre lang immer gemeinsam aufgetreten. Wieviel Spaß haben wir da oft zusammen gehabt!
Einmal haben wir sogar ein junges Leben gerettet. Wir gingen am Viktualienmarkt in der Nähe der Heiligengeistkirche. Es war spät in der Nacht so gegen zwei Uhr. Plötzlich hörten wir ein eigenartiges, unheimliches Wimmern und dachten gleich, es käme von einem eingesperrten Kinde, vielleicht aus der Fleischhalle nebenan. Aber es kam von unten. Endlich hörten wir die Töne an einem großen Kanaldeckel am deutlichsten. Wir huben ihn mit aller Kraft auf, dann noch einen zweiten, leuchteten hinein und sahen nun in dem Schacht, unter dem der Pfisterbach

vorbeifließt, eine Katze an der senkrechten Wand hängen. Sie hatte sich in ihrer Todesangst dort festgekrallt.

Meine Partnerin legte sich gleich auf das Straßenpflaster, ich hielt sie an den Füßen, sie ließ sich hinunter, bis sie das arme Tier von der Wand wegreißen und heimtragen konnte. Mit aller Liebe hat sie es gepflegt. Sie war halt ein guter Kerl!

Aus: Jugendstreiche

Johann Gottlieb Willamov

Katz und Maus

Die Katze.
Du allerliebstes kleines Tier!
Komm' doch ein wenig her zu mir.
Ich bin dir gar zu gut. Komm', daß ich dich nur küsse.

Die junge Maus.
O Mutter, höre doch, wie sie so freundlich spricht,
Ich geh' – –

Die alte Maus.
Kind, gehe nicht!

Carlo Manzoni

Erstens: Die Katze hinauswerfen

Signor Veneranda setzte sich ans Steuer, und der Fahrlehrer nahm neben ihm Platz.

»Also«, sagte der Fahrlehrer, »was müssen Sie als erstes tun, um den Motor in Gang zu bringen?«

»Nun«, sagte Signor Veneranda und schaute rundherum, »als erstes versichere ich mich, daß keine Katze im Wagen ist.«

»Wie bitte?« fragte der Fahrlehrer baß erstaunt, »was haben Sie da gesagt?«

»Ich habe gesagt«, wiederholte Signor Veneranda, »als erstes versichere ich mich, daß keine Katze im Wagen ist. Es kann doch sehr gefährlich werden, einen Wagen zu steuern, wenn eine Katze drin ist, finden Sie nicht auch? Aus diesem Grund werfe ich die Katze sofort hinaus, wenn ich in den Wagen steige.«

»Ich lehre Sie Auto fahren«, sagte der Fahrlehrer, »die Katze hat nichts damit zu tun. Das erste, was Sie tun müssen, ist, sich zu versichern, daß der Schalthebel auf ›Leerlauf‹ steht.«

»Also gut«, sagte Signor Veneranda, »Sie sind der Lehrer, und ich ma-

che, was Sie mir sagen. Als erstes muß ich mich also versichern, daß der Schalthebel auf ›Leerlauf‹ steht, und dann werfe ich die Katze hinaus. Ich dachte jedoch, es wäre besser, die Katze vorher hinauszuwerfen, aber ich kann mich ja irren. Wenn Sie sagen, man soll die Katze erst hinauswerfen, wenn die Schaltung auf ›Leerlauf‹ steht, wird's wohl richtig sein.«

»Hören Sie zu«, sagte der Fahrlehrer und knirschte mit den Zähnen, »hier im Auto gibt's keine Katzen, ist das klar? Auch wenn Katzen drin wären, würde mich das nichts angehen, stimmt's? Ich bin da, um Ihnen das Autofahren beizubringen, und nicht, um Ihnen zu zeigen, wie man Katzen aus dem Wagen schmeißt. Habe ich mich deutlich genug ausgedrückt?«

»Allerdings«, sagte Signor Veneranda, »so deutlich, daß ich nie wagen würde, von Ihnen zu verlangen, daß Sie mir beibringen, eine Katze aus dem Auto zu werfen. Das bringe ich schon von alleine fertig, ohne daß Sie mir es zeigen. Selbst angenommen, ich wüßte nicht, wie man eine Katze aus dem Auto wirft, muß ich Ihnen sagen, daß es, um die Fahrprüfung zu bestehen, nicht notwendig ist, zu wissen, wie man eine Katze aus dem Auto wirft ... Ist's vielleicht nicht so?«

»Es ist so«, sagte der Fahrlehrer und wischte sich den Schweiß von der Stirn.

»Nachdem der Fall mit der Katze geklärt ist«, sagte Signor Veneranda, »brauchen Sie mir nur noch beizubringen, wie man ein Auto steuert. Also: ich versichere mich, daß der Schalthebel auf ›Leerlauf‹ steht, dann werfe ich die Katze hinaus, und dann? ...«

»Wenn schon eine Katze im Wagen ist, können Sie sie genausogut zuerst

64

hinauswerfen«, flüsterte der Fahrlehrer mit umnachtetem Gehirn und leisem Schluchzen in der Stimme.

»Aber nein!« fuhr nun Signor Veneranda auf, »Sie müssen sich schon entscheiden: erst sagen Sie mir, ich soll als erstes die Schaltung auf ›leer‹ stellen, und jetzt wollen Sie, ich soll die Katze hinauswerfen. Was ist das für eine Art, jemandem das Autofahren beizubringen? Sie wissen ja nicht einmal, wie man damit anfängt, das muß ich Ihnen schon sagen!« Signor Veneranda stieg aus dem Wagen und warf die Tür hinter sich zu.

»Ich werde mir einen anderen Fahrlehrer suchen, einen, der die Materie beherrscht«, schrie Signor Veneranda. Eilig entfernte er sich, während der Fahrlehrer ihm mit aufgerissenen Augen nachblickte.

Johann Wolfgang von Goethe

Hinze, wie schmecken die Mäuse?

Der König der Tiere will Reineke vor Gericht stellen, sind ihm doch viele Klagen über die Untaten des Fuchses zu Ohren gekommen. Hinze der Kater wird als Bote zu Reineke gesandt, er soll ihn überreden, seinen sicheren Schlupfwinkel, die Burg Malepartus, zu verlassen und an den Hof des Königs zu kommen:

Und der König gebot, es solle der Rat sich versammeln,
Überlegen und gleich der Frevel Strafe bestimmen.
Alle rieten darauf, wofern es dem König beliebte,
Solle man Reineken abermals fordern, er solle sich stellen,
Gegen Anspruch und Klage sein Recht zu wahren. Es könne
Hinze der Kater sogleich die Botschaft Reineken bringen,
Weil er klug und gewandt sei. So rieten sie alle zusammen.

Und es vereinigte sich der König mit seinen Genossen,
Sprach zu Hinzen: »Merket mir recht die Meinung der Herren!
Ließ' er sich aber zum drittenmal fordern, so soll es ihm selbst und
Seinem ganzen Geschlechte zum ewigen Schaden gereichen;
Ist er klug, so komm er in Zeiten. Ihr schärft ihm die Lehre;
Andre verachtet er nur, doch Eurem Rate gehorcht er.«

Aber Hinze versetzte: »Zum Schaden oder zum Frommen
Mag es gereichen, komm ich zu ihm, wie soll ich's beginnen?
Meinetwegen tut oder laßt es, aber ich dächte,
Jeden andern zu schicken ist besser, da ich so klein bin.
Braun der Bär ist so groß und stark und konnt ihn nicht zwingen,
Welcher Weise soll ich es enden? Oh! habt mich entschuldigt.«

»Du beredest mich nicht«, versetzte der König: »man findet
Manchen kleinen Mann voll List und Weisheit, die manchem
Großen fremd ist. Seid Ihr auch gleich kein Riese gewachsen,
Seid Ihr doch klug und gelehrt.« Da gehorchte der Kater und sagte:
»Euer Wille geschehe! und kann ich ein Zeichen erblicken
Rechter Hand am Wege, so wird die Reise gelingen.«

* * *

Nun war Hinze der Kater ein Stückchen Weges gegangen;
Einen Martinsvogel erblickt' er von weitem, da rief er:
»Edler Vogel! Glück auf! o wende die Flügel und fliege
Her zu meiner Rechten!« Es flog der Vogel und setzte
Sich zur Linken des Katers, auf einem Baume zu singen.
Hinze betrübte sich sehr, er glaubte sein Unglück zu hören,
Doch er machte nun selber sich Mut, wie mehrere pflegen.
Immer wandert' er fort nach Malepartus, da fand er
Vor dem Hause Reineken sitzen, er grüßt' ihn und sagte:
»Gott, der reiche, der gute, bescher Euch glücklichen Abend!

Euer Leben bedrohet der König, wofern Ihr Euch weigert,
Mit nach Hofe zu kommen; und ferner läßt er Euch sagen:
Stehet den Klägern zu Recht, sonst werden's die Eurigen büßen!«
Reineke sprach: »Willkommen dahier, geliebtester Neffe!
Möget Ihr Segen von Gott nach meinem Wunsche genießen.«
Aber er dachte nicht so in seinem verrätrischen Herzen;
Neue Tücke sann er sich aus, er wollte den Boten
Wieder geschändet nach Hofe senden. Er nannte den Kater
Immer seinen Neffen und sagte: »Neffe, was setzt man
Euch für Speise nur vor? Man schläft gesättigt besser;
Einmal bin ich der Wirt, wir gingen dann morgen am Tage
Beide nach Hofe: so dünkt es mich gut. Von meinen Verwandten
Ist mir keiner bekannt, auf den ich mich lieber verließe.
Denn der gefräßige Bär war trotzig zu mir gekommen.
Er ist grimmig und stark, daß ich um vieles nicht hätte
Ihm zur Seite die Reise gewagt. Nun aber versteht sich's,
Gerne geh ich mit Euch. Wir machen uns frühe des Morgens
Auf den Weg: so scheinet es mir das beste geraten.«
Hinze versetzte darauf: »Es wäre besser, wir machten
Gleich uns fort nach Hofe, so wie wir gehen und stehen.
Auf der Heide scheinet der Mond, die Wege sind trocken.«
Reineke sprach: »Ich finde bei Nacht das Reisen gefährlich.
Mancher grüßet uns freundlich bei Tage, doch käm er im Finstern
Uns in den Weg, es möchte wohl kaum zum besten geraten.«
Aber Hinze versetzte: »So laßt mich wissen, mein Neffe,
Bleib ich hier, was sollen wir essen?« Und Reineke sagte:

»Ärmlich behelfen wir uns; doch wenn Ihr bleibet, so bring ich
Frische Honigscheiben hervor, ich wähle die klärsten.«
»Niemals eß ich dergleichen«, versetzte murrend der Kater;
»Fehlet Euch alles im Hause, so gebt eine Maus her! Mit dieser
Bin ich am besten versorgt, und sparet das Honig für andre.«
»Eßt Ihr Mäuse so gern?« sprach Reineke; »redet mir ernstlich;
Damit kann ich Euch dienen. Es hat mein Nachbar, der Pfaffe,
Eine Scheun im Hofe, darin sind Mäuse, man führe
Sie auf keinem Wagen hinweg; ich höre den Pfaffen
Klagen, daß sie bei Nacht und Tag ihm lästiger werden.«
Unbedächtig sagte der Kater: »Tut mir die Liebe,
Bringet mich hin zu den Mäusen! denn über Wildpret und alles
Lob ich mir Mäuse, die schmecken am besten.« Und Reineke sagte:
»Nun wahrhaftig. Ihr sollt mir ein herrliches Gastmahl genießen.
Da mir bekannt ist, womit ich Euch diene, so laßt uns nicht zaudern.«

Hinze glaubt' ihm und folgte; sie kamen zur Scheune des Pfaffen,
Zu der lehmernen Wand. Die hatte Reineke gestern
Klug durchgraben und hatte durchs Loch dem schlafenden Pfaffen
Seiner Hähne den besten entwendet. Das wollte Martinchen
Rächen, des geistlichen Herrn geliebtes Söhnchen; er knüpfte
Klug vor die Öffnung den Strick mit einer Schlinge; so hofft' er
Seinen Hahn zu rächen am wiederkehrenden Diebe.
Reineke wußt und merkte sich das, und sagte: »Geliebter
Neffe, kriechet hinein gerade zur Öffnung; ich halte
Wache davor, indessen Ihr mauset; Ihr werdet zu Haufen

69

Katz und Maus

Sie im Dunkeln erhaschen. Oh! höret, wie munter sie pfeifen!
Seid Ihr satt, so kommt nur zurück, Ihr findet mich wieder.
Trennen dürfen wir nicht uns diesen Abend, denn morgen
Gehen wir früh und kürzen den Weg mit muntern Gesprächen.«
»Glaubt Ihr«, sagte der Kater, »es sei hier sicher zu kriechen?
Denn es haben mitunter die Pfaffen auch Böses im Sinne.«
Da versetzte der Fuchs, der Schelm: »Wer konnte das wissen!
Seid Ihr so blöde? Wir gehen zurück; es soll Euch mein Weibchen
Gut und mit Ehren empfangen, ein schmackhaft Essen bereiten;
Wenn es auch Mäuse nicht sind, so laßt es uns fröhlich verzehren.«
Aber Hinze der Kater sprang in die Öffnung, er schämte
Sich vor Reinekens spottenden Worten, und fiel in die Schlingen.
Also empfanden Reinekens Gäste die böse Bewirtung.

Da nun Hinze den Strick an seinem Halse verspürte,
Fuhr er ängstlich zusammen und übereilte sich furchtsam,
Denn er sprang mit Gewalt: da zog der Strick sich zusammen.
Kläglich rief er Reineken zu, der außer dem Loche
Horchte, sich hämisch erfreute und so zur Öffnung hineinsprach:
»Hinze, wie schmecken die Mäuse? Ihr findet sie, glaub ich, gemästet.
Wüßte Martinchen doch nur, daß Ihr sein Wildpret verzehret;
Sicher brächt er Euch Senf: er ist ein höflicher Knabe.
Singet man so bei Hofe zum Essen? Es klingt mir bedenklich.
Wüßt ich Isegrim nur in diesem Loche, so wie ich
Euch zu Falle gebracht; er sollte mir alles bezahlen,
Was er mir Übels getan!« Und so ging Reineke weiter.

Aber er ging nicht allein um Diebereien zu üben;
Ehbruch, Rauben und Mord und Verrat, er hielt es nicht sündlich.
Und er hatte sich eben was ausgesonnen. Die schöne
Gieremund wollt er besuchen in doppelter Absicht: fürs erste
Hofft' er von ihr zu erfahren, was eigentlich Isegrim klagte;
Zweitens wollte der Schalk die alten Sünden erneuern.
Isegrim war nach Hofe gegangen, das wollt er benutzen.
Denn wer zweifelt daran, es hatte die Neigung der Wölfin
Zu dem schändlichen Fuchse den Zorn des Wolfes entzündet.
Reineke trat in die Wohnung der Frauen und fand sie nicht heimisch.

»Grüß euch Gott! Stiefkinderchen!« sagt' er, nicht mehr und nicht minder,
Nickte freundlich den Kleinen und eilte nach seinem Gewerbe.
Als Frau Gieremund kam des Morgens, wie es nur tagte,
Sprach sie: »Ist niemand kommen nach mir zu fragen?« »Soeben
Geht Herr Pate Reineke fort, er wünscht' Euch zu sprechen.
Alle, wie wir hier sind, hat er Stiefkinder geheißen.«
Da rief Gieremund aus: »Er soll es bezahlen!« und eilte
Diesen Frevel zu rächen zur selben Stunde. Sie wußte,
Wo er pflegte zu gehn; sie erreicht' ihn, zornig begann sie:
»Was für Worte sind das? und was für schimpfliche Reden
Habt Ihr ohne Gewissen vor meinen Kindern gesprochen?
Büßen sollt Ihr dafür!« So sprach sie zornig und zeigt' ihm
Ein ergrimmtes Gesicht; sie faßt' ihn am Barte, da fühlt' er
Ihrer Zähne Gewalt und lief und wollt ihr entweichen;
Sie behend strich hinter ihm drein. Da gab es Geschichten –

Denn ein verfallenes Schloß war in der Nähe gelegen,
Hastig liefen die beiden hinein; es hatte sich aber
Altershalben die Mauer an einem Turme gespalten.
Reineke schlupfte hindurch; allein er mußte sich zwängen,
Denn die Spalte war eng; und eilig steckte die Wölfin,
Groß und stark wie sie war, den Kopf in die Spalte; sie drängte.
Schob und brach und zog und wollte folgen, und immer
Klemmte sie tiefer sich ein und konnte nicht vorwärts noch rückwärts.
Da das Reineke sah, lief er zur anderen Seite
Krummen Weges herein und kam und macht' ihr zu schaffen.
Aber sie ließ es an Worten nicht fehlen, sie schalt ihn: »Du handelst
Als ein Schelm! ein Dieb!« und Reineke sagte dagegen:
»Ist es noch niemals geschehn, so mag es jetzo geschehen.«

Wenig Ehre verschafft es, sein Weib mit andern zu sparen,
Wie nun Reineke tat. Gleichviel war alles dem Bösen.
Da nun endlich die Wölfin sich aus der Spalte gerettet,
War schon Reineke weg und seine Straße gegangen.
Und so dachte die Frau sich selber Recht zu verschaffen,
Ihrer Ehre zu wahren, und doppelt war sie verloren.

Lasset uns aber zurück nach Hinzen sehen. Der Arme,
Da er gefangen sich fühlte, beklagte nach Weise der Kater
Sich erbärmlich: das hörte Martinchen und sprang aus dem Bette.
»Gott sei Dank! Ich habe den Strick zur glücklichen Stunde
Vor die Öffnung geknüpft; der Dieb ist gefangen! Ich denke,

Wohl bezahlen soll er den Hahn!« so jauchzte Martinchen,

Zündete hurtig ein Licht an (im Hause schliefen die Leute);

Weckte Vater und Mutter darauf und alles Gesinde;

Rief: »Der Fuchs ist gefangen! wir wollen ihm dienen.« Das Hausvolk

Alle, Groß und Kleine, ja selber der Pater erhub sich,

Warf ein Mäntelchen um; es lief mit doppelten Lichtern

Seine Köchin voran, den knotig gewichtigen Knittel

Hatte Martinchen gefaßt und machte sich über den Kater,

Traf ihm Haut und Haupt und schlug ihm grimmig ein Aug aus.

Alle droschen auf ihn; es kam mit zackiger Gabel

Hastig der Pater herbei und glaubte den Räuber zu fällen.

Hinze dachte zu sterben; da sprang er wütend entschlossen

Zwischen die Schenkel des Pfaffen und biß und kratzte gefährlich,

Schändete grimmig den Mann und rächte grausam das Auge.

Schreiend stürzte der Pater und fiel ohnmächtig zu Erden.

Unbedachtsam schimpfte die Köchin: es habe der Teufel

Ihr zum Possen das Spiel selbst angerichtet. Und doppelt,

Dreifach schwur sie: wie gern verlöre sie, wäre das Unglück

Nicht dem Herren begegnet, ihr bißchen Habe zusammen.

Ja sie schwur: ein Schatz von Golde, wenn sie ihn hätte,

Sollte sie wahrlich nicht reuen, sie wollt ihn missen. So jammert'

Sie die Schande des Herrn, die jämmerliche Verwundung.

Endlich brachten sie ihn mit vielen Klagen zu Bette,

Ließen Hinzen am Strick und hatten seiner vergessen.

 *Katz und Maus*

Als nun Hinze der Kater in seiner Not sich allein sah,
Schmerzlich geschlagen und übel verwundet, so nahe dem Tode,
Faßt' er aus Liebe zum Leben den Strick und nagt' ihn behende.
Sollt ich mich etwa erlösen vom großen Übel? so dacht er.
Und ihm gelang, zu zerreißen den Strick. Wie fand er sich glücklich!
Eilte dem Ort zu entfliehn, wo er so vieles erduldet,
Hastig sprang er zum Loche heraus und eilte die Straße
Nach des Königes Hof, den er des Morgens erreichte.
Ärgerlich schalt er sich selbst: So mußte dennoch der Teufel
Dich durch Reinekens List, des bösen Verräters, bezwingen!
Kommst du doch mit Schande zurück, am Auge geblendet
Und mit Schlägen schmerzlich beladen, wie mußt du dich schämen!

Aus: Reineke Fuchs

Jean de La Fontaine

Die Katze und die Ratte

Vier Tiere sondrer Art – 's war Käseschnapp, die Katze,
Das schlanke Wieselchen, die Eule Trauerhelm
   Und endlich Maschenfraß, die Ratze,
   Jeder ein ausgesuchter Schelm –
Hausten im Fichtenstumpf an wild einsamem Platze.
Sie hausten so, daß um den Baum in einer Nacht
Netze der Mensch ausstellt. Die Katze, kaum erwacht,
   Geht früh am Morgen aus auf Beute.
Die letzten Schatten, die das Licht noch nicht zerstreute,
Deckten das Netz; sie fällt hinein, ein groß Geschrei
Erhebt die Katz, und schnell eilt auch die Ratt herbei.
Die eine zagt', indes die andre sehr sich freute:
Sah in der Falle doch sie ihren ärgsten Feind.
   Die arme Katze spricht: »Mein Freund,
   Dein Wohlwollen ist mir sehr wichtig
   Und längst bekannt; jetzt hilf mir noch
Aus dieser Schling heraus, in die ich unvorsichtig

Geraten bin! Recht hatt ich doch,
Daß ich dich ganz allein von allen deinen Vettern
Geliebt; stets hegt ich wie meinen Augapfel dich.
Nie reut' es mich, o nein, den Göttern danke ich!
 Just wollt ich beten zu den Göttern,
Wie's jede fromme Katz am Morgen pflegt zu tun.
Dies Garn hält mich; sei du mein Lebensretter nun;
Komm, nag die Maschen auf!« – »Was krieg ich als Belohnung« –
 Fragt jetzt die Ratte – »denn von dir?« –
 »Ewigen Bund zu Schirm und Schonung« –
 Versetzt die Katze – »schwör ich dir.
In meiner Krallen Schutz ist sicher deine Wohnung;
Gegen jedweden Feind will ich dir Beistand leihn:
 Das Wiesel will, und obendrein
 Der Eule Männchen will ich fressen;
Sie hassen beide dich.« – Die Ratte spricht: »Du Tor!
Ich, dich befrein? So dumm! Gott schütze mich davor!« –
 Sie schlüpft zu ihrem Loch; indessen
 Das Wiesel saß ganz nah dem Ort.
Die Ratte huscht hinauf und sieht das Käuzchen dort.
Gefahren hier und da; der nächsten zu entgehen,
Kehrt Maschenfraß zurück zur Katz, ihr beizustehen,
Löst einen Knoten nach dem andern, und so fix,
 Daß sie die Falsche bald befreite.
 Da naht der Mensch, und augenblicks
Suchen die beiden jüngst Verbündeten das Weite.

Nur kurze Zeit darauf sieht unsre Katz aufs neu
Die Ratte, die ihr fern sich hält, still und verschlossen.
»Komm, Liebchen« – spricht sie – »gib 'nen Kuß mir! Deine Scheu
    Beleidigt mich; den Bundsgenossen
    Siehst wie 'nen Feind du an. Du meinst,
    Ich hätt vergessen, daß ich einst
    Nächst Gott nur dir verdankt' mein Leben?« –
Die Ratte drauf: »Und ich? Meinst, ich vergäße eben
    Deine Natur? Kann ein Vertrag
Zur Dankbarkeit jemals wohl eine Katze zwingen?
    Kann Sicherheit ein Bund uns bringen,
    Dem nur die Not zugrunde lag?«

Adolf Glassbrenner

Ein philosophischer Kater

Ein Kater sitzt vorm dicken Buch,
Die Brille auf der Nase;
Man sieht's, er denkt gewaltig klug
Ob einer dunklen Phrase.

E. T. A. Hoffmann

Der possierlichste Kater der Welt

»Mitten auf der großen Brücke vor unserer Stadt blieb ich stehen, da fiel mir ein feines Piepen in die Ohren, ein Quäcken, das beinahe dem eines neugebornen Kindes glich. Ich vermutete eine Untat, bückte mich tief über das Geländer, und entdeckte im hellen Mondschein ein Kätzchen, das sich mühsam an den Pfosten angeklammert, um dem Tod zu entgehen. Wahrscheinlich hatte man eine Katzenbrut ersäufen wollen, und das Tierchen war wieder hinaufgekrochen. Nun, dacht ich, ist's auch kein Kind, so ist es doch ein armes Tier, das dich um Rettung anquäckt und das du retten mußt, ja, einen Kater rettete ich aus purer uneigennütziger Menschenliebe. – Ich kletterte über das Geländer, griff, nicht ohne Gefahr, herab, faßte das wimmernde Kätzchen, zog es hinauf und steckte es in die Tasche. Nach Hause gekommen, zog ich mich schnell aus, und warf mich ermüdet und erschöpft, wie ich war, aufs Bett. Kaum war ich aber eingeschlafen, als mich ein klägliches Piepen und Winseln weckte, das aus meinem Kleiderschrank herzukommen schien. – Ich hatte das Kätzchen vergessen und es in der Rocktasche gelassen. Ich befreite das Tier aus dem Gefängnis, wofür es mich der-

maßen kratzte, daß mir alle fünf Finger bluteten. Schon war ich im Begriff den Kater durchs Fenster zu werfen, ich besann mich aber und schämte mich meiner kleinlichen Torheit, meiner Rachsucht, die nicht einmal bei Menschen angebracht ist, viel weniger bei der unvernünftigen Kreatur. – Genug, ich zog mit aller Mühe und Sorgfalt den Kater groß. Es ist das gescheuteste, artigste, ja witzigste Tier der Art, das man sehen kann, dem es nur noch an der höhern Bildung fehlt, die du mein lieber Johannes, ihm mit leichter Mühe beibringen wirst, weshalb ich denn gesonnen bin, dir den Kater Murr, so habe ich ihn benannt, fernerhin zu überlassen. Obschon Murr zur Zeit, wie die Juristen sich ausdrücken, noch kein homo sui juris ist, so habe ich ihn doch um seine Einwilligung gefragt, ob er in deine Dienste treten wolle. Er ist durchaus damit zufrieden.«

»Du faselst«, sprach Kreisler, »du faselst, Meister Abraham! du weißt, daß ich Katzen nicht sonderlich leiden mag, daß ich dem Geschlecht der Hunde bei weitem den Vorzug gebe.«

»Ich bitte«, erwiderte Meister Abraham, »ich bitte dich, lieber Johannes, recht von Herzen, nimm meinen hoffnungsvollen Kater Murr wenigstens so lange zu dir, bis ich heimkehre von meiner Reise. Ich habe ihn schon deshalb mitgebracht, er ist draußen und wartet auf gütigen Bescheid. Sieh ihn wenigstens an.«

Damit öffnete Meister Abraham die Türe und auf der Strohmatte zusammengekrümmt, schlafend, lag ein Kater, der wirklich in seiner Art ein Wunder von Schönheit zu nennen. Die grauen und schwarzen Streifen des Rückens liefen zusammen auf dem Scheitel zwischen den Ohren und bildeten auf der Stirne die zierlichste Hieroglyphenschrift. Ebenso

gestreift und von ganz ungewöhnlicher Länge und Stärke war der statt-
liche Schweif. Dabei glänzte des Katers buntes Kleid und schimmerte
von der Sonne beleuchtet, so daß man zwischen dem Schwarz und Grau
noch schmale goldgelbe Streifen wahrnahm. »Murr! Murr!« rief Meister
Abraham, »krrr – krrr«, erwiderte der Kater sehr vernehmlich, dehnte –
erhob sich, machte den außerordentlichsten Katzenpuckel und öffnete
ein Paar grasgrüne Augen aus denen Geist und Verstand in funkelndem
Feuer hervorblitzten.

Das behauptete wenigstens Meister Abraham, und auch Kreislern mußte
so viel einräumen, daß der Kater etwas Besonderes, Ungewöhnliches im
Anlitz trage, daß sein Kopf hinlänglich dick um die Wissenschaften zu

fassen, sein Bart aber schon jetzt in der Jugend weiß und lang genug sei, um dem Kater gelegentlich die Autorität eines griechischen Weltweisen zu verschaffen.

»Wie kann man aber auch überall gleich schlafen«, sprach Meister Abraham zum Kater, »du verlierst alle Heiterkeit darüber, und wirst vor der Zeit ein grämliches Tier. Putz dich fein, Murr!«

Sogleich setzte sich der Kater auf die Hinterfüße, fuhr mit den Samtpfötchen sich zierlich über Stirn und Wangen, und stieß dann ein klares freudiges Miau aus.

»Dies ist«, fuhr Meister Abraham fort, »dies ist der Herr Kapellmeister Johannes Kreisler, bei dem du in Dienste treten wirst.« Der Kater glotzte den Kapellmeister mit seinen großen funkelnden Augen an, begann zu knurren, sprang auf den Tisch, der neben Kreislern stand und, von da ohne weiteres auf seine Schulter, als wolle er ihm etwas ins Ohr sagen. Dann setzte er wieder herab zur Erde und umkreiste schwänzelnd und knurrend den neuen Herrn, als wolle er recht Bekanntschaft mit ihm machen.

»Gott verzeih mir«, rief Kreisler, »ich glaube gar, der kleine graue Kerl hat Verstand und stammt aus der illustren Familie des gestiefelten Katers her!«

»So viel ist gewiß«, erwiderte Meister Abraham, »daß der Kater Murr das possierlichste Tier von der Welt ist, ein wahrer Pulcinell und dabei artig und sittsam, nicht zudringlich und unbescheiden, wie zuweilen Hunde die uns mit ungeschickten Liebkosungen beschwerlich fallen.«

»Indem ich«, sprach Kreisler, »diesen klugen Kater betrachte, fällt es mir wieder schwer aufs Herz, in welchen engen Kreis unsere Erkenntnis

84

gebannt ist. – Wer kann es sagen, wer nur ahnen, wie weit das Geistes-vermögen der Tiere geht! – Wenn uns etwas, oder vielmehr alles, in der Natur unerforschlich bleibt, so sind wir gleich mit Namen bei der Hand, und brüsten uns mit unserer albernen Schulweisheit, die eben nicht viel weiter reicht als unsere Nase. So haben wir denn auch das ganze geistige Vermögen der Tiere, das sich oft auf die wunderbarste Art äußert, mit der Bezeichnung Instinkt abgefertigt. Ich möchte aber nur die einzige Frage beantwortet haben, ob mit der Idee des Instinkts, des blinden will-kürlosen Triebes, die Fähigkeit zu träumen vereinbar sei. Daß aber z.B. Hunde mit der größten Lebhaftigkeit träumen, weiß jeder, der einen schlafenden Jagdhund beobachtet hat, dem im Traum die ganze Jagd aufgegangen. Er sucht, er schnuppert, er bewegt die Füße, als sei er im vollem Rennen, er keucht, er schwitzt. – Von träumenden Katern weiß ich zur Zeit nichts.«

»Der Kater Murr«, unterbrach Meister Abraham den Freund, »träumt nicht allein sehr lebendig, sondern er gerät auch, wie deutlich zu bemer-ken, häufig in jene sanften Reverien, in das träumerische Hinbrüten, in das somnambule Delirieren, kurz in jenen seltsamen Zustand zwischen Schlafen und Wachen, der poetischen Gemütern für die Zeit des eigent-lichen Empfanges genialer Gedanken gilt. In diesem Zustande stöhnt und ächzt er seit kurzer Zeit ganz ungemein, so, daß ich glauben muß, daß er entweder in Liebe ist, oder an einer Tragödie arbeitet.«

Kreisler lachte hell auf, indem er rief: »Nun so komm denn du kluger, artiger, witziger, poetischer Kater Murr, laß uns –«

Aus: Lebensansichten des Katers Murr

85

Charles Perrault

Die gestiefelte Katze

Ein Müller hinterließ bei seinem Ableben seinen drei Söhnen nichts weiter als seine Mühle, seinen Esel und seine Katze. Die Teilung war bald gemacht, und man brauchte weder Gerichtsschreiber noch Advokaten dazu, die von dieser kleinen Erbschaft gewiß nichts übrig gelassen hätten. Der älteste Sohn bekam die Mühle, der zweite den Esel und der jüngste die Katze. Der letzte war mit seinem kleinen Erbteile wenig zufrieden. »Meine Brüder«, sprach er, »können ihr Leben auf eine gute Art hinbringen, wenn sie beide gemeinschaftliche Sache machen, aber wenn ich meine Katze verzehrt und mir einen Muff aus ihrem Felle gemacht habe, so bleibt mir nichts übrig, als Hungers zu sterben.« Die Katze hörte diese Reden aufmerksam mit an, ließ sich aber nichts anmerken und sagte mit einem gesetzten und ernsthaften Wesen zu ihrem Herrn: »Lieber Herr, bekümmert Euch nicht so sehr. Gebt mir nur einen Sack und laßt mir ein Paar Stiefelchen machen, damit ich in Wald und Feld hinaus kann, und Ihr werdet finden, daß Ihr nicht so arm seid, als Ihr glaubt.« Der arme Müllerssohn rechnete nun zwar nicht sehr auf diese Versprechungen, indes wußte er, daß seine Katze gar sehr schlau war

und die Ratten und Mäuse mit mancherlei List übertölpelte, und so hegte er einige Hoffnung, daß sie ihm vielleicht in seinem Unglücke nützlich sein könnte. Er gab ihr also, was sie verlangte, und sie zog mutig ihre Stiefelchen an, hing den Sack an ihren Hals, nahm die Riemen in ihre Vorderpfoten und marschierte so auf einen Berg, wo es eine große Menge Kaninchen gab. Sie steckte Kohl und Kleie in ihren Sack, streckte sich aus, als wäre sie tot, und erwartete, daß ein junges mit der List der Welt unbekanntes Kaninchen hineinkriechen würde, um den Kohl darin zu fressen. Sie brauchte nicht lange zu warten: kaum hatte sie sich hingelegt, so kroch ein junges unbedachtsames Kaninchen in den Sack. Die Katze zog sogleich die Riemen zu, packte und würgte es ohne Umstände. Nun ging sie, stolz auf ihre Beute, zum Könige und bat um Audienz. Man ließ sie in das Gemach Seiner Majestät, wo sie einen tiefen Bückling machte und sagte: »Ich bringe Eurer Majestät hier ein Kaninchen, welches der Herr Graf von Carabas (diesen Namen fand sie für gut, ihrem Herrn zu geben) mir aufgetragen hat, Euch zu überreichen.« – »Sage deinem Herrn«, antwortete der König, »daß ich ihm danke und daß er mir eine Freude gemacht hat.« Ein andermal ging die Katze ins Korn mit ihrem offnen Sacke am Halse; zwei Rebhühner krochen hinein, sie zog die Riemen zu und fing sie alle beide. Hierauf ging sie wieder zum Könige und brachte sie ihm wie das Kaninchen. Der König nahm auch die beiden Rebhühner gnädig an und ließ ihr ein Trinkgeld geben. So fuhr die Katze zwei oder drei Monate fort, dem Könige immer von Zeit zu Zeit Wildbret aus dem Forste ihres Herrn zu bringen. Als sie nun eines Tages erfuhr, daß der König mit seiner Tochter, die eine wunderschöne Prinzessin war, eine Spazierfahrt am Ufer des Flusses machen wollte,

sagte sie zu ihrem Herrn: »Wenn Ihr heute meinem Rate folgen wollt, so ist Euer Glück gemacht. Badet Euch in dem Flusse, an der Stelle, die ich Euch zeigen werde, und dann laßt mich nur machen.« Der Graf von Carabas tat, was ihm seine Katze riet, ohne zu wissen warum. Als er sich nun badete, kam der König vorbei, und die Katze schrie aus Leibeskräften: »Hilfe, Hilfe, der Herr Graf von Carabas ersäuft.« Auf dieses Geschrei steckte der König den Kopf zum Wagen heraus und erkannte die Katze, die ihm so oft Wildbret gebracht hatte, und befahl seiner Leibwache, dem Herrn Grafen beizuspringen. Unterdessen man ihn nun aus dem Flusse zog, näherte sich die Katze dem Wagen und sagte dem Könige, daß, während ihr Herr sich gebadet, Diebe gekommen wären und ihm seine Kleider gestohlen hätten, ob sie gleich aus allen Kräften um Hilfe gerufen. Aber sie hatte sie weislich unter einem großen Stein versteckt (um sie nicht sehen zu lassen). Sogleich befahl der König seinen Bedienten, das schönste Kleid aus seiner Garderobe für den Herrn Grafen Carabas zu holen. Der König erzeigte ihm alle nur möglichen Höflichkeiten. Da nun die schönen Kleider, die er jetzt bekam, ihm sehr wohl standen – denn er war von Natur schön und wohlgebaut –, so fand ihn die Prinzessin sehr nach ihrem Geschmack, und da sie der Graf von Carabas einigemal ebenso zärtlich als ehrfurchtsvoll angeblickt hatte, wurde sie verliebt in ihn bis über die Ohren. Der König bot ihm seinen Wagen an und ersuchte ihn, an seiner Promenade teilzunehmen. Die Katze war außer sich vor Vergnügen, da sie sah, daß ihre List so wohl gelang und lief voraus. Und da sie einige Bauern antraf, die eine Wiese mähten, sagte sie zu ihnen: »Ihr guten Leute, wenn ihr dem König nicht sagt, daß die Wiese, die ihr hier mäht, dem Grafen von Carabas gehört,

so werdet ihr in Kochstücke zerhackt, das will ich euch nur sagen.« Da nun der König kam, fragte er die Mäher, wem die Wiese gehöre, die sie mähten. »Dem Herrn Grafen von Carabas«, antworteten sie alle einmütig, denn die Drohung hatte ihnen bange gemacht. »Sie haben hier eine schöne Besitzung, Herr Graf«, sagte der König. »Wie Ihro Majestät sehen«, antwortete der Graf, »diese Wiese trägt alle Jahre eine artige Summe ein.« Die Katze lief immer voraus und traf Schnitter an. Zu denen sagte sie wieder: »Ihr guten Schnitter, wenn ihr dem Könige nicht sagt, daß das Feld, das ihr schneidet, dem Herrn Grafen von Carabas gehört, so werdet ihr in Kochstücke zerhackt werden, das will ich euch nur sagen.« – Da nun der König kam, wollte er wissen, wem all das Getreide gehöre. »Dem Herrn Grafen von Carabas«, antworteten die Schnitter, und der König freute sich darüber. So lief die Katze immer dem Wagen voraus und sagte immer dasselbe zu allen, die ihr begegneten; und der König war ganz erstaunt über die vielen Güter des Herrn Grafen von Carabas. Endlich kam die Katze in ein schönes Schloß, das einem Menschenfresser gehörte, der ganz unmäßig reich war, denn das ganze Land, durch das der König gekommen war, gehörte zu diesem Schlosse. Die Katze erkundigte sich sorgfältig, wer dieser Menschenfresser wäre und worin seine Kräfte bestünden, und bat dann um die Erlaubnis, ihm aufwarten zu dürfen. Da sie vor ihn kam, sagte sie, sie habe an seinem Schloß nicht so nahe vorbeikommen wollen, ohne die Ehre zu haben, ihm ihren Respekt zu bezeigen. Der Menschenfresser nahm sie mit aller Höflichkeit auf, deren nur ein Menschenfresser fähig ist, und ließ sie niedersitzen. »Man hat mich versichern wollen«, hub die Katze hier an, »daß Sie die Gabe besäßen, gnädiger Herr, sich in alle Arten von

Tieren zu verwandeln, daß Sie zum Beispiel die Gestalt eines Löwen oder Elefanten annehmen könnten.« – »Das ist auch wahr«, antwortete der Menschenfresser, »und um es dir zu beweisen, will ich mich gleich in einen Löwen verwandeln.« Die Katze tat ganz erschrocken, da sie einen Löwen vor sich stehen sah, und kletterte auf die Dachrinne, mit großer Mühe und Gefahr, weil sie Stiefel anhatte, mit denen es sich nicht gut auf den Ziegeln marschiert. Als aber der Menschenfresser seine Löwengestalt abgelegt hatte, kam sie wieder herunter und versicherte ihm, sie wäre in Todesangst gewesen. »Man hat«, fuhr sie fort, »noch überdies behaupten wollen, was ich aber kaum glauben kann, daß Sie auch die Kraft besäßen, die Gestalt der kleinsten Tiere anzunehmen, zum Beispiel, sich in eine Ratte oder Maus zu verwandeln. Ich muß Ihnen gestehen, daß ich dies für ganz unmöglich halte.« – »Für unmöglich?« versetzte der Menschenfresser, »wir wollen sehen.« Und in dem Augenblicke verwandelte er sich in eine Maus und lief auf dem Fußboden hin und her. Sobald ihn die Katze in dieser Gestalt sah, fuhr sie auf ihn zu, haschte und fraß ihn. Unterdessen war der König an dies schöne Schloß gekommen und wollte es von innen anschauen. Die Katze hörte den Wagen über die Zugbrücke rollen, lief ihm entgegen und sagte zum König: »Eure Majestät sei willkommen in dem Schlosse des Herrn Grafen von Carabas.« – »Wie Herr Graf?« rief der König, »auch dieses Schloß gehört Ihnen? Ich habe in meinem Leben nichts Schöneres gesehn als diesen Hof und die Gebäude, die ihn einschließen. Ich will doch, mit Ihrer Erlaubnis, auch das Inwendige besehen.« Der Graf reichte der Prinzessin die Hand, hob sie aus dem Wagen und folgte dem König. Sie gingen hierauf in einen großen Saal, wo sie ein prächtiges Gastmahl fanden, das

90

der Menschenfresser für seine Freunde hatte zubereiten lassen, die nicht hineinzugehn wagten, weil sie den König hatten kommen sehen. Der König war über die guten Eigenschaften des Grafen ganz entzückt, und seine Tochter war gar in ihn vernarrt, und da der König sah, daß er so reich war, sagte er zu ihm, nachdem er fünf oder sechs Pokale geleert hatte: »Es kommt nur auf Sie an, Herr Graf, ob Sie mein Schwiegersohn werden wollen.« Der Graf machte einen großen Bückling und nahm von Herzen die angebotene Ehre an, und er wurde noch an demselben Tage mit der Prinzessin getraut. Die Katze aber wurde ein großer Herr und fing nun keine Mäuse mehr, als nur manchmal aus Liebhaberei und zum Spaße.

Moral

Groß mag der Vorteil sein,
wenn sich der Sohn des Erbes freuen darf,
das er vom Vater übernommen hat.
Doch besser ist es für die jungen Leute,
wenn sie, statt Güter zu ererben,
mit Kunst und mit Geschicklichkeit
das Leben meistern.

Michael Ende

Ein Kater namens Maurizio di Mauro oder: Ende gut, alles gut

Der Zauberer Beelzebub Irrwitzer und seine Tante Tyrannja Vamperl sind in der Sylvesternacht eifrig bemüht, ihr Jahressoll an bösen Taten doch noch zu erfüllen. Es könnte ihnen um ein Haar gelingen, gäbe es da nicht einen kleinen, gewitzten Kater aus altitalienischem Rittergeschlecht und einen ebenso listenreichen Raben:

Beelzebub Irrwitzer lief mit wehendem Schlafrock durch die Zimmer und Korridore seines Hauses, auf der verzweifelten Suche nach einem Mittel zu seiner Rettung. Dabei wußte er selbst nur zu gut, daß es schon für alles zu spät war. Er stöhnte und seufzte wie ein unseliger Geist und führte gemurmelte Selbstgespräche. Seine Schritte hallten durch die Stille des Hauses.

92

Schließlich gelangte er zu einem bestimmten kleinen Erkerzimmer, auf dessen Tür stand:

Kammersänger Maurizio di Mauro.

Der kleine Raum war mit allem ausgestattet, was eine verwöhnte Katze sich an Luxus nur wünschen kann. Da gab es mehrere alte Polstermöbel, um daran die Krallen zu schärfen; überall lagen Wollknäuel und anderes Spielzeug herum; auf einem niedrigen Tischchen stand ein Teller mit süßer Sahne und mehrere andere mit lauter verschiedenen appetitlichen Häppchen; es gab sogar einen Spiegel in Katzenhöhe, vor dem man sich putzen und dabei selbst bewundern konnte, und als Krönung des Ganzen ein behagliches Körbchen in Gestalt eines kleinen Himmelbetts mit blauen Sammetpolstern und Vorhängen.

In diesem Bettchen lag zusammengerollt ein dicker kleiner Kater und schlief. Das Wort dick ist vielleicht nicht ganz ausreichend, in Wirklichkeit war er kugelrund. Da sein Fell dreifarbig war – rostbraun, schwarz und weiß –, sah er eher aus wie ein lächerlich geflecktes, prall ausgestopftes Sofakissen mit vier ziemlich kurzen Beinchen und einem jämmerlichen Schwanz.

Als Maurizio vor etwas mehr als einem Jahr im geheimen Auftrag des Hohen Rates der Tiere hierher gekommen war, war er krank und struppig und so abgemagert gewesen, daß man alle seine Rippen einzeln zählen konnte. Dem Zauberer gegenüber hatte er sich zunächst so gestellt, als sei er ihm einfach zugelaufen, und er war sich dabei sehr schlau vorgekommen. Als er dann aber merkte, daß er nicht nur nicht weggejagt, sondern sogar ausgesprochen verwöhnt wurde, vergaß er sehr schnell seine Mission. Bald war er geradezu begeistert von dem

Mann. Er war allerdings ziemlich leicht zu begeistern – hauptsächlich
von allem, was ihm schmeichelte und seiner Vorstellung von einer ele-
ganten Lebensweise entsprach.

»Wir Leute aus der vornehmen Welt«, so hatte er dem Zauberer öfters er-
klärt, »wissen eben, worauf es ankommt. Auch im Elend halten wir das
Niveau.«

Das war eines seiner Lieblingswörter, obwohl er selbst nicht ganz genau
wußte, was es eigentlich bedeutete.

Und ein paar Wochen später hatte er dem Zauberer dann folgendes erzählt:

»Vielleicht haben Sie mich anfangs mit einer ganz gewöhnlichen streu-
nenden Katze verwechselt. Ich nehme Ihnen das nicht übel. Wie hätten
Sie denn ahnen können, daß ich in Wirklichkeit aus einem uralten Rittergeschlecht stamme. In der Familie di Mauro gab es auch viele
berühmte Sänger. Sie werden es mir vielleicht nicht glauben, weil meine
Stimme zur Zeit ein wenig brüchig klingt« – tatsächlich klang sie eher
nach einem Frosch als nach einem Kater –, »aber auch ich war früher
ein berühmter Minnesänger und habe mit meinen Liebesliedern die stol-
zesten Herzen erweicht. Meine Ahnen stammen nämlich aus Neapel, wo-
her bekanntlich alle wahrhaft großen Sänger stammen. Unser Wappen-
spruch hieß ›Schönheit und Kühnheit‹, und einem von beiden hat jeder
in meiner Sippe gedient. Aber dann wurde ich krank. Fast alle Katzen in
der Gegend, wo ich lebte, wurden plötzlich krank. Jedenfalls diejenigen,
die Fisch gegessen hatten. Und vornehme Katzen essen eben am liebsten
Fisch. Aber die Fische waren giftig, weil der Fluß, aus dem sie kamen,
vergiftet war. Dabei habe ich meine wundervolle Stimme verloren. Die

94

anderen sind fast alle gestorben. Meine ganze Familie ist jetzt beim Großen Kater im Himmel.«

Irrwitzer hatte so getan, als sei er ganz erschüttert von der Sache, obwohl er ja nur zu gut wußte, wieso der Fluß vergiftet war. Er hatte Maurizio schrecklich bedauert und ihn sogar einen »tragischen Helden« genannt; das hatte dem kleinen Kater ganz besonders gut gefallen.

»Wenn du willst und mir vertraust«, waren die Worte des Zauberers gewesen, »dann werde ich dich gesund pflegen und dir deine Stimme wiedergeben. Ich werde eine geeignete Medizin für dich finden. Aber du mußt Geduld haben, es braucht Zeit. Und vor allem mußt du tun, was ich dir sage. Einverstanden?«

In diesem Augenblick klopfte es.

Der Zauberer richtete sich kerzengerade auf.

Es klopfte zum zweiten Mal, laut und deutlich.

Maurizio hatte zu rühren aufgehört und bemerkte einfältig: »Ich glaube, Maestro, es hat geklopft.«

»Pst!« zischte der. »Still!«

Der Wind rüttelte an den Fensterläden.

»Nicht jetzt schon!« knirschte Irrwitzer. »Bei allen chemischen Keulen, das ist unfair!«

95

Es klopfte zum dritten Mal, nun schon ziemlich ungeduldig.

Der Zauberer hielt sich mit beiden Händen die Ohren zu.

»Man soll mich in Ruhe lassen. Ich bin nicht da.«

Das Pochen wurde zu einem Hämmern, und man hörte draußen undeutlich eine krächzende Stimme, die ziemlich erbost klang.

»Maurizio«, raunte der Zauberer, »liebes Käterchen, wärst du wohl so freundlich aufzumachen und zu sagen, ich sei ganz plötzlich verreist. Sag einfach, ich sei zu meiner alten Tante Tyrannja Vamperl gefahren, um mit ihr Sylvester zu feiern.«

»Aber Maestro«, sagte der Kater verwundert, »das wäre doch eine glatte Lüge. Verlangen Sie das wirklich von mir?«

Der Zauberer drehte die Augen gen Himmel und stöhnte.

»Ich kann es ja schließlich nicht gut selber sagen.«

»Schon gut, Maestro, schon gut. Für Sie mache ich alles.«

Maurizio hoppelte zur Haustür, schob unter Aufbietung all seiner schwachen Kräfte einen Hocker unter die Klinke, kletterte hinauf, drehte den riesigen Schlüssel herum, bis das Schloß aufsprang, und hängte sich an die Klinke. Ein Windstoß riß die Tür auf und fauchte durch die Räume, daß die Papiere im Labor herumwirbelten und die grünen Flammen im Kamin sich waagrecht legten.

Aber da war niemand.

Da klopfte es abermals.

Irrwitzer malmte nur noch stumm mit den Kinnbacken.

»Das Fenster!« rief Maurizio. »Ich glaube, Maestro, es ist am Fenster.«

Er sprang auf das Sims, öffnete einen Flügel und lugte durch einen Spalt des Fensterladens hinaus.

»Da sitzt jemand«, raunte er, »es scheint ein Vogel zu sein, so eine Art Rabe, glaube ich.«

Irrwitzer sagte noch immer nichts. Er hob nur abwehrend die Hände.

»Vielleicht geht es um einen Notfall«, meinte der kleine Kater. Und ohne auf die Anweisung des Zauberers zu warten, stieß er den Fensterladen auf.

Zusammen mit einer Schneewolke flatterte ein Vogel ins Labor, der so zerrupft aussah, daß er eher einer großen, unförmigen Kartoffel glich, in die jemand kreuz und quer ein paar schwarze Federn gesteckt hat.

Er landete mitten auf dem Boden, rutschte auf seinen dünnen Beinen noch ein Stück weiter, ehe er zum Halten kam, plusterte sein kümmerliches Gefieder und sperrte seinen ansehnlichen Schnabel auf.

»Aber! Aber! Aber!« kreischte er mit eindrucksvoller Lautstärke. »Ihr laßt euch aber vielleicht Zeit, bis ihr aufmacht. Da kann sich eins ja den Tod holen. Und geschossen wird auch noch auf einen. Da, bitte schön – meine letzte Schwanzfeder ist jetzt auch hin, durchlöchert. Is' das vielleicht eine Art? Wo sind wir denn?«

Dann wurde er sich plötzlich bewußt, daß da ein Kater war, der ihn mit großen glühenden Augen ansah. Er zog den Kopf zwischen die Flügel, wodurch er irgendwie bucklig wirkte, und krächzte nur noch kleinlaut:

»Uijeh, ein Vogelfresser! Das auch noch! Na, ich dank' schön, das wird böse enden.«

Maurizio, der in seinem kurzen Leben bisher noch keinen einzigen Vogel gefangen hatte – schon gar nicht einen so großen und unheimlichen – begriff zunächst überhaupt nicht, daß er gemeint war.

»Hallo!« maunzte er würdevoll. »Willkommen, Fremdling!«

Der Zauberer starrte das seltsame Federvieh noch immer wortlos und voller Mißtrauen an.

Der Rabe fühlte sich zunehmend unbehaglicher. Er blickte mit schiefem Kopf zwischen Kater und Zauberer hin und her und schnarrte endlich:

»Wenn's euch nix ausmacht, Herrschaften, dann wär' ich dafür, daß einer das Fenster wieder zumacht, weil es kommt nämlich keiner mehr hinter mir nach, aber es zieht saumäßig und ich hab' im linken Flügel sowieso schon den Reißmatissimus oder wie das heißt.«

Der Kater schloß das Fenster, sprang vom Sims und begann, in einem großen Kreis um den Eindringling herumzuschleichen. Er wollte nur sehen, ob dem Raben etwas fehlte, doch der schien Maurizios Interesse anders aufzufassen.

Irrwitzer hatte inzwischen die Sprache wiedergefunden.

»Maurizio«, befahl er, »frage diesen Galgenvogel, wer er ist und was er hier zu suchen hat.«

»Mein guter Maestro will wissen«, sagte der Kater in möglichst vornehmem Ton, »welchen Namen du trägst und was dein Begehr ist.«

Dabei wurden seine Kreise immer enger.

Der Vogel drehte den Kopf mit und ließ Maurizio nicht aus den Augen.

»Sag deinem Maestro einen schönen Gruß von mir« – dabei zwinkerte er

dem Kater verzweifelt mit einem Auge zu – »und mein werter Name is’ Jakob Krakel, wenn’s recht wär’, und ich bin sozusagen der luftige Laufbursch von Madam Tyrannja Vamperl, seiner hochverehrten Tante« – dabei zwinkerte er mit dem anderen Auge – »und außerdem bin ich durchaus kein Galgenvogel nicht, wenn’s beliebt, sondern ein alter, vom Leben hart geprüfter Rabe, man kann schon direkt sagen, ein Unglücksrabe, kann man sagen.«

»Sieh an, ein Rabe!« sagte Irrwitzer höhnisch. »Das mußt du allerdings dazusagen, sonst erkennt man’s nicht.«

»Ha ha, sehr witzig«, schnarrte Jakob Krakel halblaut in sich hinein.

»Unglück?« erkundigte sich Maurizio teilnahmsvoll. »Von welchem Unglück redest du? Sprich ohne Scheu, mein guter Maestro wird dir helfen.«

»Ich red’ vom Pech, wo ich immer hab’«, erklärte Jakob düster, »zum Beispiel, daß ich hier jetzt ausgerechnet einen mordsmäßigen Vogelfresser treffen muß; und die Federn sind mir ausgegangen, wie ich seinerzeit in eine Giftwolke hineingeraten bin. Die gibt’s ja in letzter Zeit immer öfter, warum weiß keiner nicht.« Wieder zwinkerte er dem Kater zu. »Und deinem guten Maestro kannst du von mir ausrichten, er braucht mich ja nicht anzuschauen, wenn ihm meine lumpige Garderobe was ausmacht. Ich hab’ halt keine bessere nicht mehr.«

Maurizio blickte zu Irrwitzer empor.

»Sehen Sie, Maestro, also doch ein Notfall.«

»Frage diesen Raben einmal«, sagte der Zauberer, »warum er dir mehrmals heimlich zugezwinkert hat.«

Jakob Krakel kam dem Kater zuvor.

»Das is' unabsichtlich, Herr Zauberrat, das bedeutet gar nix. Es sind bloß die Nerven.«

»So so«, meinte Irrwitzer gedehnt, »und warum sind wir denn so nervös?«

»Weil ich was gegen solche aufgeblasenen Typen hab', die wo so geschwollen daherreden und so scharfe Krallen haben und zwei so Schlußlichter im Gesicht wie der da.«

Maurizio dämmerte es nun doch, daß er da eben beleidigt worden war. Das konnte er natürlich nicht auf sich sitzen lassen. Er gab sich ein möglichst imponierendes Aussehen, sträubte sein Fell, legte die Ohren zurück und fauchte: »Maestro, erlauben Sie mir, daß ich diesen unverschämten Schandschnabel rupfe?«

Der Zauberer nahm den Kater auf den Schoß und streichelte ihn.

»Noch nicht, mein kleiner Held. Beruhige dich. Er sagt doch, daß er von meiner hochverehrten Tante kommt. Wir wollen hören, was er zu sagen hat. Ich frage mich nur, ob man ihm überhaupt irgend etwas glauben kann. Was meinst du?«

»Manieren hat er jedenfalls nicht«, schnurrte Maurizio.

Der Rabe ließ die Flügel hängen und krächzte wütend: »Ach pickt mich doch am Bürzel, alle beide!«

»Man muß sich wundern«, sagte Irrwitzer und fuhr fort, den Kater zu kraulen, »man muß sich wirklich wundern, mit was für ordinärem Personal mein bisher so feines Tantchen sich neuerdings umgibt.«

»Was?!« kreischte der Rabe. »Jetzt haut's mir aber doch gleich den Stopsel hinaus! Wer is' hier ordinär? Das is' doch kein Spaß nicht, wenn einer in meinem Zustand durch Nacht und Sturm flattert, um seine

Chefin anzumelden, und dann kommt er grad zum Abendessen recht, aber nicht, wo er was zum Schnabeln kriegt, sondern wo er selber auf der Speisekarte steht. Da möcht' ich schon recht hörbar fragen, wer hier vielleicht ordinär is'.«

»Was sagst du da, Rabe?« fragte Irrwitzer alarmiert. »Tante Tyrannja will herkommen? Wann denn?«

Jakob Krakel war immer noch wütend und hopste auf dem Boden herum.

»Jetzt! Sofort! Sogleich! Augenblicklich! Jeden Moment! Sie is' schon fast da!«

Irrwitzer sank in seinen Sessel zurück und stöhnte: »Ach, du dicke Warze! Auch das noch!«

Der Rabe beobachtete ihn mit schiefem Kopf und schnarrte befriedigt vor sich hin: »Aha, eine Unglücksbotschaft, scheint's. Das is' typisch für mich.«

»Ich habe Tante Tyti seit einem halben Jahrhundert nicht mehr persönlich zu Gesicht bekommen«, jammerte der Zauberer. »Was will sie denn so plötzlich hier? Gerade heute kommt sie mir sehr ungelegen.«

Der Rabe zuckte die Flügel.

»Sie sagt, sie muß unbedingt den heutigen Sylvesterabend mit ihrem heißgeliebten Neffen verbringen, sagt sie, weil der Neffe, sagt sie, irgendsoein besonderes Rezept hat, für einen Punsch oder sowas, sagt sie, das wo ihr selbst dringend fehlen tut, hat sie gesagt.«

Irrwitzer schubste den Kater von seinem Schoß und sprang auf.

»Sie weiß alles«, stieß er hervor, »bei allen teuflischen Tumoren, sie will nur meine Lage ausnützen. Unter der Maske verwandtschaftlicher

Gefühle will sie sich bei mir einschleichen, um geistigen Diebstahl zu verüben. Ich kenne sie, oh, ich kenne sie!«

Danach stieß er einen ellenlangen babylonischen oder altägyptischen Fluch aus, woraufhin alle Glasgeräte im Raum zu klirren und zu tönen anfingen und ein Dutzend Kugelblitze im Zickzack über den Boden zischten.

Maurizio, der seinen Maestro bisher von dieser Seite noch nicht erlebt hatte, erschrak so, daß er sich mit einem Riesensatz auf den Kopf eines ausgestopften Haifischs rettete, der unter anderen präparierten Trophäen an einer der Wände hing.

Zu seinem neuerlichen Entsetzen mußte er dort feststellen, daß der Rabe das gleiche getan hatte und daß sie sich, ohne es zu bemerken, gegenseitig umklammert hielten. Peinlich berührt ließen sich beide sofort wieder los.

Das Geheime Zauberrat suchte mit bebenden Händen zwischen den Bergen von Papier auf seinem Schreibtisch herum, warf alles durcheinander und brüllte: »Beim sauren Regen, sie soll keine Kommastelle von meinen kostbaren Berechnungen erfahren! Diese heimtückische Hyäne glaubt wohl, jetzt könne sie meine Forschungsergebnisse *umsonst* bekommen. Aber da hat sie sich geschnitten! Nichts soll sie erben, gar nichts! Ich werde die Akten mit den wichtigsten Formeln unverzüglich in meinem absolut zaubersicheren Geheimkeller einlagern. Nie wird sie dort hineinkommen, sie nicht und auch kein anderer.«

Er wollte schon fortrennen, bremste sich aber noch einmal ab und suchte mit wilden Augen im Labor herum.

»Maurizio, zum Pestizid nochmal, wo steckst du?«

102

»Hier, Maestro«, antwortete Maurizio di Mauro vom Haifischkopf herunter.

»Hör zu«, rief der Zauberer zu ihm hinauf, »solange ich weg bin, bewachst du mir scharf dieses impertinente Rabenaas da, verstanden! Aber schlaf nicht wieder ein. Gib acht, daß er seinen Schnabel nicht in Sachen steckt, die ihn nichts angehen. Am besten bringst du ihn in deine Kammer und setzt dich vor die Tür. Trau ihm auf keinen Fall, laß dich auf keine Gespräche und keine Anbiederungsversuche ein. Du bist mir verantwortlich.«

Er hastete davon und sein giftgrüner Schlafrock flatterte hinter ihm drein.

Mit dem Zwölf-Uhr-Glockenschlag ist der Bann des Wunschpunsch-Zaubers gebrochen. Kater und Rabe, die den Beelzebub Irrwitzer und seine Tante unschädlich gemacht haben, genießen ihren Triumph.

Zur gleichen Zeit saßen Jakob Krakel und Maurizio di Mauro nebeneinander auf dem großen Dach des Münsters.

Sie hatten sich inzwischen noch einmal dort hinaufbegeben, was ihnen in ihrem neugestärkten Zustand mühelos gelungen war. Nun sahen sie glücklich zu, wie hinter all den tausend erleuchteten Fenstern die Menschen sich umarmten, wie über der Stadt unzählige Raketen aufstiegen und in farbenglühenden Feuergarben zerplatzten, und sie lauschten ergriffen dem gewaltigen Konzert der Neujahrsglocken.

Sankt Sylvester, der nun wieder nur eine Steinfigur war, blickte von der Höhe des Münsterturms mit entrücktem Lächeln auf all den festlichen Glanz hinunter.

»Ein gutes Neues Jahr, Jakob«, sagte Maurizio mit Rührung in der Stimme.

»Gleichfalls!« antwortete der Rabe. »Ich wünsch' dir viel Erfolg. Mach's gut, Maurizio di Mauro.«

»Das hört sich nach Abschied an«, meinte der Kater.

»Ja«, krächzte Jakob rauh, »is' besser so auf die Dauer, glaub' mir. Wenn die Verhältnisse wieder natürlich sind, dann sind Katzen und Vögel auch wieder natürliche Feinde.«

»Eigentlich schade«, sagte Maurizio.

»Ach, laß mal«, antwortete Jakob, »das is' schon in Ordnung.«

Sie schwiegen eine Weile und lauschten den Glocken.

»Wissen möchte ich«, ließ sich schließlich der Kater vernehmen, »was aus dem Zauberer und der Hexe geworden ist. Das werden wir nun nie erfahren.«

»Macht nix«, sagte Jakob, »Hauptsache, alles is' gut gegangen.«

»Ist es das denn?« fragte Maurizio.

»Klar!« schnarrte Jakob. »Die Gefahr is' vorbei. Wir Raben spüren sowas. Da täuschen wir uns nie.«

Der Kater dachte eine Weile nach.

104

»Irgendwie«, sagte er dann leise, »tun sie mir fast leid, die zwei.«

Der Rabe schaute ihn scharf an.

»Nun mach aber mal 'n Punkt!«

Beide schwiegen und hörten wieder dem Konzert der Glocken zu. Sie mochten sich immer noch nicht trennen.

»Jedenfalls«, nahm Maurizio schließlich wieder das Wort, »wird es bestimmt ein *sehr* gutes Jahr für alle – ich meine, wenn überall geschieht, was mit uns geschehen ist.«

»Wird's wohl«, – Jakob nickte tiefsinnig – »aber wem sie's zu verdanken haben, das werden die Menschen nie erfahren.«

»Die Menschen nicht«, pflichtete der Kater bei, »und selbst wenn es ihnen jemand erzählen würde, sie würden es höchstens für ein Märchen halten.«

Abermals trat eine längere Pause ein, aber noch immer machte keiner von beiden Anstalten, sich zu verabschieden. Sie blickten zum funkelnden Sternenhimmel auf, und es kam ihnen beiden vor, als sei er noch nie so hoch und so weit gewesen.

»Siehst du«, sagte Jakob, »das sind jetzt die Höhen des Lebens, die dir bisher noch gefehlt haben.«

»Ja«, stimmte der Kater ergriffen zu, »das sind sie. Von jetzt an werde ich alle Herzen erweichen können, nicht wahr?«

Jakob streifte den schneeweißen, stattlichen Kater mit einem raschen Seitenblick und meinte: »Die von Katzen bestimmt. Mir genügt's, zu meiner Elvira ins gemütliche Nest zu kommen. Sie wird Augen machen, wenn sie mich so sieht – jung und im Erste-Klasse-Frack.«

Er ordnete sorgfältig mit dem Schnabel ein paar abstehende Federn.

105

»Elvira?« fragte Maurizio. »Sag' mal ehrlich, wieviele Frauen hast du eigentlich?«

Der Rabe räusperte sich etwas verlegen.

»Ach, weißt du, auf Weibchen is' kein Verlaß. Man muß sich beizeiten mit einem Vorrat eindecken, sonst sitzt man am Ende ganz ohne da. Und einer, der nirgendwo zu Hause is', braucht eben überall ein warmes Nest. Na, das verstehst du noch nicht.«

Der Kater tat entrüstet.

»Das werde ich nie verstehen!«

»Warten wir's ab, Herr Minnesänger«, meinte Jakob trocken.

Das Glockenläuten verklang nach und nach. Sie saßen schweigend nebeneinander. Endlich schlug Jakob vor: »Wir sollten jetzt dem Hohen Rat Bescheid sagen. Danach kehrt jeder ins Privatleben zurück, und unsere Wege trennen sich.«

»Warte!« sagte Maurizio. »Zum Hohen Rat können wir immer noch gehen. Jetzt möchte ich gern mein erstes Lied singen.«

Jakob sah ihn erschrocken an.

»Ich hab's kommen sehen«, krächzte er. »Aber für wen willst du eigentlich singen? Is' doch kein Publikum da, und ich bin total unmusikalisch, bin ich.«

»Ich singe es«, antwortete Maurizio, »für Sankt Sylvester und zu Ehren des Großen Katers im Himmel.«

»Na schön« – der Rabe zuckte die Flügel – »wenn du unbedingt meinst. Aber bist du überhaupt sicher, daß dir da oben irgendwer zuhört?«

»Das verstehst du nicht, mein Freund«, sagte der Kater würdevoll, »das ist eine Frage des *Niveaus*.«

106

Er putzte noch einmal rasch über sein seidenglänzendes, blütenweißes Fell, strich sich den bedeutenden Schnurrbart glatt, nahm Positur ein, und während der Rabe ihm geduldig, aber verständnislos zuhörte, begann er seine erste und schönste Arie zum Sternenhimmel empor zu miauen.

Und weil er nun wunderbarerweise auch plötzlich fließend Italienisch konnte, sang er mit seinem unvergleichlich schmelzenden neapolitanischen Katertenor:

»Tutto è ben' quell' che finisce bene …«

Und das heißt auf deutsch:

Ende gut, alles gut.

Aus: Der satanarchäolügenialalkohöllische Wunschpunsch

Quellennachweis

CHARLES BAUDELAIRE, Die Katze, Les Fleurs du Mal, Artemis & Winkler Verlag, München und Zürich 1979 (nach dem französischen Text neu übersetzt von Ulrich Mattejiet).

MICHAEL ENDE, Der satanarchäolügenialalkohöllische Wunschpunsch, Thienemann Verlag, Stuttgart, Wien und Bern 1989.

JOHANN WOLFGANG VON GOETHE, aus: Reineke Fuchs, Werke, Band I, Artemis & Winkler Verlag, München und Zürich 1992.

CLAIRE GOLL, Mandalay, aus: Memoiren eines Spatzen des Jahrhunderts, Limes Verlag Niedermayer & Schlüter, Wiesbaden/München 1969.

BRÜDER GRIMM, Der arme Müllersbursch und das Kätzchen, Kinder- und Hausmärchen, Artemis & Winkler Verlag, München und Zürich 1992.

FRIEDRICH HEBBEL, Aus der Kindheit, Werke, Band III, Carl Hanser Verlag, München 1965.

HEINRICH HEINE, Mimi, Sämtliche Werke, Band I, Artemis & Winkler Verlag, Düsseldorf und Zürich 1997.

PATRICIA HIGHSMITH, Stute und Kätzchen, Kleine Mordgeschichten für Tierfreunde, Diogenes Verlag, Zürich 1976.

E. T. A. HOFFMANN, aus: Lebensansichten des Katers Murr, Artemis & Winkler Verlag, Düsseldorf und Zürich 1997.

JEAN DE LA FONTAINE, Die Katze und die Ratte, Sämtliche Fabeln, Artemis & Winkler Verlag, München und Zürich 1978.

DORIS LESSING, Katzen, Katzenbuch, Klett-Cotta Verlag, Stuttgart 1981.

THOMAS MANN, aus: Joseph und seine Brüder, S. Fischer Verlag, Frankfurt a. M. 1974.

CARLO MANZONI, Erstens: Die Katze hinauswerfen (© Verlagsbuchhandlung F. A. Herbig, München und Berlin 1979).

CHARLES PERRAULT, Die gestiefelte Katze, Das Kabinett der Feen, Artemis & Winkler Verlag, München und Zürich 1984.

JOACHIM RINGELNATZ, Schöne Fraun und Katzen, Werke, Band I, Henssel Verlag, Berlin 1984 (© Diogenes Verlag, Zürich 1994).

THEODOR STORM, Von Katzen; Von Kindern und Katzen, Gesammelte Werke, Band II, Artemis & Winkler Verlag, Düsseldorf und Zürich 2000.

KARL VALENTIN, aus: Jugendstreiche, Alles von Karl Valentin, R. Piper & Co. Verlag, München 1978.

ROBERT WALSER, Das Kätzchen, Das Gesamtwerk, Band II, Suhrkamp Verlag, Frankfurt a. M. und Zürich 1978 (© Verlag Helmut Kosodo).

Sieben Cartoons von B. KLIBAN (© 1980 Rogner & Bernhard Verlag München) / Vier Vignetten von SILVIO NEUENDORF (© 1999 Patmos Verlag Düsseldorf).